福建省属公益类科研院所发展报告（2018）

徐慎娴 ◎ 编著

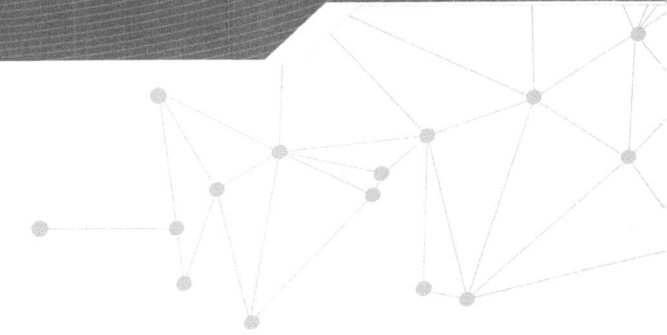

中国农业科学技术出版社

图书在版编目（CIP）数据

福建省属公益类科研院所发展报告.2018/徐慎娴编著.—北京：中国农业科学技术出版社，2020.9
ISBN 978-7-5116-4599-9

Ⅰ.①福… Ⅱ.①徐… Ⅲ.①科研院所—科研管理—研究报告—福建—2018 Ⅳ.① G322.235.7

中国版本图书馆 CIP 数据核字（2020）第 218943 号

责任编辑　周丽丽
责任校对　贾海霞

出 版 者	中国农业科学技术出版社
	北京市中关村南大街 12 号　邮编：100081
电　　话	（010）82105169（编辑室）（010）82109702（发行部）
	（010）82109709（读者服务部）
传　　真	（010）82106626
网　　址	http://www.castp.cn
发　　行	各地新华书店
印 刷 者	北京建宏印刷有限公司
开　　本	710 mm×1 000 mm　1/16
印　　张	9.5
字　　数	160 千字
版　　次	2020 年 9 月第 1 版　2020 年 9 月第 1 次印刷
定　　价	36.00 元

版权所有·侵权必究

前 言

省属公益类科研院所是创新体系的重要组成部分，是福建省科技创新的重要实体。省属公益类科研院所改革与发展的成效如何，不仅关系到院所自身的生存和发展，也关系到福建省科技水平的提升和经济发展实力的增强。因此，总结回顾省属公益类科研院所的科技工作情况，对于促进省属公益类科研院所提高科技创新能力和提高科技服务水平具有重要意义。

《福建省属公益类科研院所发展报告（2018）》（以下简称《报告》）的编撰，是对以往年度发展报告的继承和推进，目的是要充分、全面、客观地反映省属公益类科研院所2017年度的科技活动情况，促进省属公益类科研院所改革与发展，进一步提高科技创新能力，从而实现在海西建设中的科技先导作用。

为了保持《报告》的延续性和可比性，以使读者更好地了解省属公益类科研院所在不同年度的发展动态与变化，本书保留了往年《报告》的基本框架，并对部分结构、内容进行调整、细化和完善，对已有数据的年度和院所间的情况进行了统计比较和分析；鉴于中华人民共和国《统计法》规定、福建省科技厅和相关院所的要求，本书对部分具体统计指标及其横向比较分析内容略过不表。

本书分为九个部分。

第一部分是福建省属公益类科研院所2017年发展概述，介绍2017

年度省属公益类科研院所科技活动投入和与产出的概况，总结其在科研服务、科技创新、成果转化、人才团队、支撑条件、科技合作以及科技制度措施等方面的重大进展与成效。

第二部分是科技人员情况介绍。先对省属公益类科研院所人力资源的总体配置、构成和流动情况给予介绍。接着统计分析科技活动人员的结构（包括工作性质、学科、学历、职称结构）和流动情况。最后对不同院所和学科间科技人员结构进行分析介绍。

第三部分是科技收入与支出。对科技活动经费的来源、结构、支出、R&D 经费的内部支出进行统计分析与总结。

第四部分是省属公益类科研院所承担科研课题情况。统计分析了科研课题的数量、经费支出、来源，并对院所间课题项目分布进行比较分析。

第五部分是科研成果与科技产出。包括 2017 年度福建省属公益类科研院所的获奖科研成果、审（认定）的新品种、申请与授权的专利、制定的国家或行业技术标准、出版的科技论文与科技著作情况。

第六部分是科技创新与条件支撑平台建设。包括固定资产情况、重点实验室、工程（技术）研究中心、科学（野外）观测站、农作物原种扩繁及改良中心、种质资源圃（库）、文献信息中心、生产力促进中心等。

第七部分是科技成果应用与转化案例。简要介绍总结了若干个省属公益性科研院所在科技成果应用与转化方面的典型案例与经验。

第八部分是对外科技服务。介绍了 37 家省属公益类科研院所 2017 年度对外科技服务的情况。

第九部分介绍了各院所重点发展方向。

本书是福建省公益类科研院所科研专项项目成果，得到了福建省科学技术厅发展规划与政策法规处、福建省属 37 家公益科研院所的大力支持，在此表示衷心感谢。本书数据材料部分收集于统计年鉴和网络等公开来源，各院所及学科、项目材料由 37 家省属公益院所提供，核心数据来自省科技厅和省科技信息研究所提供的 37 套 2017 年度《科学研究与技术服务业事业单位调查表（其他非企业单位也适用）》（即 STS 表）。感谢福建省科技厅林海萍副处长，福建省农业科学院农业经济与科技信息研究所曾玉荣所长、郑百龙副所长、科研处陈华副处长等领导对本书的支持与关心，感谢翁志辉、林树文、许正春、陈志峰、周江梅、许标文、卢礼斌、郑轶、马宏敏、赵雅静等前辈与同事们对本书编撰的支持与帮助。

[目　录]

1 概　述 ·· 1
　　1.1 基本情况 ·· 1
　　1.2 科研资源配置 ··· 4
　　1.3 科研成果与科技产出 ·· 6

2 科技人员 ··· 8
　　2.1 科技人员总体情况 ··· 8
　　2.2 科技人员结构分析 ··· 13

3 科技收入与支出 ··· 15
　　3.1 经费收入及来源 ·· 15
　　3.2 科技活动中非政府来源技术性收入分析 ·································· 18
　　3.3 R&D 经费内部支出比较 ··· 19

4 科研课题 ·· 22
　　4.1 科研课题类型及经费 ·· 22
　　4.2 R&D 课题来源及经费分析 ·· 23
　　4.3 2017 年度新增科研课题情况分析 ··· 27

5 科研成果与科技产出 ·· 30
　　5.1 获奖科研成果 ··· 30
　　5.2 审（认）定的新品种 ·· 33
　　5.3 申请与授权的专利 ··· 35

	5.4	制定的国家或行业技术标准	35
	5.5	科技论文与科技著作	36
	5.6	重要科研项目进展	36

6 科技创新与条件支撑平台建设 ... 66
  6.1 科研平台建设 ... 66
  6.2 科研条件支撑平台建设 ... 78
  6.3 固定资产投入 ... 82

7 科技成果应用与转化案例 ... 84
  7.1 福建省微生物研究所 ... 84
  7.2 福建省标准化研究院 ... 84
  7.3 福建省热带作物科学研究所 ... 85
  7.4 福建省水利水电研究院 ... 85
  7.5 福建省中医药研究院 ... 85
  7.6 福建省林业科学研究院 ... 86
  7.7 福建省计量科学研究院 ... 87

8 对外科技服务 ... 88
  8.1 对外科技服务概述 ... 88
  8.2 各院所对外科技服务分布 ... 88

9 重点发展方向 ... 89
  9.1 应用基础科学（4所） ... 89
  9.2 农业科学（21所） ... 102
  9.3 医药卫生（4所） ... 117
  9.4 其他领域（8所） ... 121

附录 2017年科技制度主要政策列表 ... 138

[表格目录]

表 1-1　省属公益类科研院所及其主管部门 …………………………………… 1

表 1-2　福建省属公益科研院所的公益服务领域分布 ………………………… 3

表 1-3　省属公益类科研院所规模 ……………………………………………… 3

表 1-4　省属公益类科研院所科技人员情况 …………………………………… 5

表 2-1　2015—2017 年福建省属公益类科研院所从业人员按工作性质
　　　　分类概况 ………………………………………………………………… 9

表 2-2　2015—2017 年福建省属公益类科研院所人员身份构成概况 ……… 9

表 2-3　2015—2017 年福建省属公益类科研院所新增和减少人员
　　　　情况 ……………………………………………………………………… 10

表 2-4　2015—2017 年福建省属公益类科研院所科技活动人员构成
　　　　情况 ……………………………………………………………………… 11

表 2-5　2017 年省属公益类科研院所人员学科分布 ………………………… 12

表 2-6　2015—2017 年福建省属公益类科研院所从事科技活动人员
　　　　学历结构 ………………………………………………………………… 12

表 2-7　2015—2017 年福建省属公益类科研院所从事科技活动人员
　　　　职称结构 ………………………………………………………………… 13

表 2-8　2017 年福建省属公益类科研院所不同学科领域科技活动人员
　　　　学历和职称分布 ………………………………………………………… 14

表 3-1　2015—2017 年福建省属公益类科研院所经费收入按活动性质
　　　　分类情况 ………………………………………………………………… 16

表 3-2　2017 年省属公益类科研院所经费收入的活动性质与学科交叉
　　　　分布情况 ………………………………………………………………… 16

表 3-3　2015—2017 年福建省属公益类科研院所科技活动收入及
　　　　来源情况 …………………………………………………………………… 17
表 3-4　2015—2017 年福建省属公益类科研院所人均科技活动
　　　　收入及来源变化 …………………………………………………………… 18
表 3-5　2016 年、2017 年福建省属公益类科研院所技术性收入
　　　　变化情况 …………………………………………………………………… 19
表 3-6　2010 年、2015—2017 年福建省科技活动主体 R&D
　　　　经费内部支出情况 ………………………………………………………… 20
表 3-7　2010 年、2015—2017 年福建省科学研究与开发机构
　　　　R&D 经费内部支出比较 …………………………………………………… 20
表 4-1　2015—2017 年福建省属公益类科研院所各类科研课题数量
　　　　分析 ………………………………………………………………………… 22
表 4-2　2015—2017 年福建省属公益类科研院所承担分类别课题的
　　　　经费内部支出中政府资金比例 …………………………………………… 24
表 4-3　2015—2017 年福建省属公益类科研院所研究项目及经费
　　　　支出总体情况 ……………………………………………………………… 25
表 4-4　2015—2017 年福建省属公益类科研院所承担 R&D 课题
　　　　来源数量及经费支出 ……………………………………………………… 25
表 4-5　2015—2017 年福建省属公益类科研院 R&D 课题经费支出
　　　　中央政府资金情况 ………………………………………………………… 26
表 4-6　2017 年福建省属公益类科研院所新增课题项目数占比在
　　　　前 75% 的研究方向及数量 ……………………………………………… 27
表 4-7　2017 年福建省属公益院所新增课题的社会经济目标分析 ……… 28
表 4-8　2017 年福建省属公益院所新增课题所服务的国民经济
　　　　行业分析 …………………………………………………………………… 28
表 5-1　2017 年福建省属公益类科研院获省级及省级以上奖情况 …… 30
表 5-2　2017 年福建省公益类科研院所所审（认、鉴）定新品种情况… 33
表 5-3　2017 年福建省属公益类科研院所技术标准制定情况 …………… 35
表 6-1　2017 年年底福建省属公益类科研院所拥有的省部级
　　　　重点实验室 ………………………………………………………………… 66

表 6-2　2017年年底福建省属公益类科研院所拥有的省部级工程
　　　（技术）研究中心 ………………………………………………… 69
表 6-3　2017年年底福建省公益类科研院所拥有的省部级农业
　　　科学（野外）观测站 …………………………………………… 73
表 6-4　2017年年底福建省属公益类科研院所拥有的农作物原种
　　　扩繁及改良中心 ………………………………………………… 75
表 6-5　2017年年底福建省属公益类科研院所拥有的省部级种质
　　　资源圃（库）…………………………………………………… 75
表 6-6　2017年年底福建省属公益类科研院所拥有的技术研发平台 …… 77
表 6-7　2017年年底福建省属公益类科研院所拥有的文献中心 ………… 78
表 6-8　2017年年底福建省属公益类科研院所拥有生产力促进中心 …… 79
表 6-9　2017年年底福建省属公益类科研院所拥有的科技服务平台 …… 79

1 概　述

公益类科研机构是指从事社会公益事业、技术基础和农业科学研究的非盈利性科研机构。福建省属公益类科研院所是全省公共技术研究和公益科技服务的重要载体，是从事公益科研的骨干力量，也是全省科技创新体系的重要组成部分，在全省科技进步和经济发展中发挥着重要的作用。

截至 2017 年年底，福建省属公益类科研院所共有 37 家，分属于 16 家上级主管部门，科研和技术服务领域涉及农业、林业、生物、海洋、医学、体育、劳保、标准、计量、信息、环保、水利水电等领域，是建设特色鲜明的"丝绸之路经济带"和"21 世纪海上丝绸之路"的重要组成部分。

1.1　基本情况

1.1.1　主管部门

主管部门中，有 12 家是省政府相关的厅、局、委，3 家为高校，1 家为省属厅级事业单位。（表 1–1）

表 1–1　省属公益类科研院所及其主管部门

主管部门	数量（家）	科研院所
福建省农业科学院	15	水稻研究所、作物研究所、生物技术研究所、农业生物资源研究所、果树研究所、植物保护研究所、农业生态研究所、土壤肥料研究所、畜牧兽医研究所、农业工程技术研究所、食用菌研究所、茶叶研究所、亚热带农业研究所（原甘蔗研究所）、农业经济与科技信息研究所、农业质量标准与检测技术研究所（原中心实验室）

（续表）

主管部门	数量（家）	科研院所
福建省科学技术厅	5	福建省微生物研究所、福建海洋研究所、福建省测试技术研究所、福建省科学技术信息研究所、福建省武夷山生物研究所
福建省海洋与渔业局	3	福建省水产研究所、福建省淡水水产研究所、福建省闽东水产研究所
福建省农业厅	1	福建省热带作物科学研究所
福建省经济和信息化委员会	1	福建省农业机械研究所
福建省安全生产监督管理局	1	福建省安全生产科学研究院
福建省质量技术监督局	2	福建省标准化研究院、福建省计量科学研究院
福建省林业厅	1	福建省林业科学研究院
福建省环境保护厅	1	福建省环境科学研究院
福建省水利厅	1	福建省水利水电科学研究院
福建省体育局	1	福建省体育科学研究所
福建省卫生和计划生育委员会	2	福建省医学科学研究院 福建省计划生育科学技术研究所
厦门大学	1	厦门大学抗癌研究中心
福建师范大学	1	福建师范大学地理研究所
福建中医药大学	1	福建省中医药研究院

1.1.2 服务领域

按机构所属的公益服务领域划分，省属公益类科研院所可分为农业科学、医药卫生、应用基础科学和其他领域四类，其中应用基础科学领域4家、农业科学领域21家、医药卫生领域4家、其他领域8家（表1-2）。

表1-2 福建省属公益科研院所的公益服务领域分布

机构所属领域	数量（个）	科研院所名称
应用基础科学	4	福建省微生物研究所、福建师范大学地理研究所、福建海洋研究所、福建省武夷山生物研究所
农业科学	21	福建省林业科学研究院、福建省农业科学院茶叶研究所、福建省农业科学院水稻研究所、福建省农业科学院作物研究所、福建省农业科学院农业工程技术研究所、福建省农业科学院土壤肥料研究所、福建省农业科学院农业生态研究所、福建省农业科学院食用菌研究所、福建省农业科学院果树研究所、福建省农业科学院亚热带农业研究所、福建省农业科学院畜牧兽医研究所、福建省农业科学院农业生物资源研究所、福建省农业科学院植物保护研究所、福建省农业科学院农业质量标准与检测技术研究所、福建省农业科学院生物技术研究所、福建省农业科学院农业经济与科技信息研究所、福建省农业机械化研究所、福建省淡水水产研究所、福建省水产研究所、福建省闽东水产研究所、福建省热带作物科学研究所
医药卫生	4	福建省中医药研究院、福建省医学科学研究院、厦门大学抗癌研究中心、福建省计划生育科学技术研究所
其他领域	8	福建省计量科学研究院、福建省科学技术信息研究所、福建省环境科学研究院、福建省测试技术研究院、福建省标准化研究院、福建省安全生产科学研究院、福建省水利水电科学研究院、福建省体育科学研究所

1.1.3 院所规模

截至2017年年底，福建省属公益类科研院所共有从业人员（在职职工）2 736人，同比上年增加了1.41%。其中，在岗科技人员在100人以上的有4家，50～100人的有19家，50人以下的有14家（表1-3）。

表1-3 省属公益类科研院所规模

规模	科研院所
100人以上（4家）	福建省计量科学研究院、福建省科学技术信息研究所、福建省水产研究所、福建省林业科学研究院

(续表)

规模	科研院所
50～100人 （19家）	福建省农业科学院水稻研究所、福建省微生物研究所、福建省农业机械化研究所、福建省农业科学院畜牧兽医研究所、福建省淡水水产研究所、福建省农业科学院果树研究所、福建省农业科学院茶叶研究所、福建省农业科学院植物保护研究所、福建省农业科学院生物技术研究所、福建省水利水电科学研究院、福建省中医药研究院、福建省环境科学研究院、福建省测试技术研究所、福建省农业科学院作物研究所、福建海洋研究所、福建省安全生产科学研究院、福建省农业科学院农业生态研究所、福建省农业科学院农业工程技术研究所、福建省农业科学院农业生物资源研究所
50人以下 （14家）	福建省农业科学院农业经济与科技信息研究所、福建省热带作物科学研究所、福建省医学科学研究院、福建省农业科学院土壤肥料研究所、福建省农业科学院质量标准与检测技术研究所、福建省标准化研究院、福建省农业科学院亚热带农业研究所、福建师范大学地理研究所、福建省体育科学研究所、福建省农业科学院食用菌研究所、厦门大学抗癌研究中心、福建省闽东水产研究所、福建省计划生育科学技术研究所、福建省武夷山生物研究所

1.2 科研资源配置

1.2.1 科技人员

2017年，省属公益类科研院所从业人员（在职职工）共计2 736人，另有外聘的流动学者（编制在其他单位）、招收的非本单位在读研究生和离退休人员，共四类人员总计4 918人，同比上年减少了1.74%。其中，从业人员（在职人员）占总数的55.63%。在岗科技活动人员总数为2 420人，占从业人员的88.45%，从事农业类的科技活动人员最多，有1 342人。科技活动人员中拥有博士学位的有252人，占科技活动人员的10.41%；拥有硕士学位的有824人，占科技活动人员的34.10%。高级职称898人，占科技活动人员的37.12%；中级职称866人，占科技活动人员的35.79%（表1-4）。

表 1-4　省属公益类科研院所科技人员情况

	人数（人）	占比
科研院所全部人员	4 918	
从业人员	2 736	占全部人员的 55.63%
科技活动人员	2 420	占从业人员的 88.45%
学历比例结构		
博士学位	252	占科技活动人员的 10.41%
硕士学位	824	占科技活动人员的 34.10%
职称比例结构		
高级职称	898	占科技活动人员的 37.12%
中级职称	866	占科技活动人员的 35.79%

注：本书所有列表数据除另标注外，皆来源于福建省科技厅和福建省科技信息研究所从省公益性科研院所收集的 37 套 2017 年度《科学研究与技术服务业事业单位调查表（其他非企业单位也适用）》（即 STS 表）

1.2.2　研发投入

2017 年，省属公益类科研院所经费收入共计 97 982.3 万元，同比上年减少 3.49%。其中，科技活动收入 86 771.4 万元，同比上年减少了 10.14%。科技活动收入以政府资金为主，共计 76 826.7 万元，占科技活动收入总额的 88.54%；人均科技活动收入 35.86 万元，同比上年（41.25 万元）减少了 13.08%。

1.2.3　科研项目与经费

2017 年，省属公益类科研院所承担科研项目 2 048 项，同比上年（2102 项）减少了 2.57%。课题经费内部支出，2017 年为 40 657.7 万元，同比上年（39 962.48 万元）增加 26.79%。省属公益类科研院所共承担 R&D 课题 1 500 项，同比上年减少 29 项，同比减少 1.90%。2017 年，省属公益类科研院所承担 R&D 课题经费内部支出为 30 713 万元，同比上年增长 14.55%。

2017年，省属公益类科研院所承担科研项目经费排名前3位的依次是福建省计量科学研究院（3 812.9万元）、福建省水产研究所（3 322.0万元）、福建省农业科学院水稻研究所（3 063.0万元）。

1.2.4　科研服务平台

截至2017年年底，省属公益类科研院所拥有的科研平台有国家重点（工程）实验室36个（国家级1个，部级11个，省部共建2个，省级22个），工程（技术）研究中心35个（国家级1个，部级5个，省级29个；新增部级2个，省级2个），种质资源圃10个（部级7个，省级3个；新增部级1个），野外观测站15个（部级14个，省级1个），农作物原种扩繁及改良中心7个（部级农作物品种改良中心3个，部级原种扩繁基地4个），技术研发平台16个（部级5个，省级11个）；省属公益类科研院所共拥有的科研条件支撑平台有文献中心6个，生产力促进中心2个，科技服务平台55个；截至2017年年底，省属公益类科研院所年末固定资产原价为126 854.4万元、科学仪器设备64 561.4万元，科学仪器设备数量28 717台（套），人均科研仪器设备26.68万元/人。

1.3　科研成果与科技产出

1.3.1　获奖成果

2017年，福建省属公益类科研院所共获得：国家科学进步二等奖1项（第七完成单位）；福建省科学技术进步奖14项，其中，省科技进步奖一等奖2项、二等奖5项、三等奖7项；此外还包括福建省科学技术奖三等奖1项、福建医学科技奖三等奖1项、福建水利科学技术进步一等奖1项、中国民族医药学会科学技术奖一等奖1项、中国民族医药学会学术著作二等奖1项，福建省标准贡献奖二等奖2项，华东地区科技情报成果奖二等奖（2项）、三等奖（1项）。

1.3.2 科技产出

2017年，福建省属公益类科研院所科技产出：审定品种19个，发表学术论文1 251篇，获得授权专利168项（其中发明专利80项），出版科技著作20部。

1.3.3 科技服务

2017年，福建省属公益类科研院所对外科技服务活动工作量合计1 306人/年，其中，工作量最多的是福建省计量科学研究院，达到355人/年，占比27.18%。

2 科技人员

2.1 科技人员总体情况

2.1.1 人力资源总体配置

科技人力资源既是一个国家或地区最重要的战略资源,也是科研院所科技创新的重要基础,其规模、结构、分布与流动情况影响着一个国家或地区经济社会的发展。

2.1.1.1 从业人员概况

从业人员即科研院所的在职职工,是科研院所最为主要的人力资源,也是科研院所进行科技活动与生产经营的主体。从业人员是指科研院所年末直接组织安排工作并且支付工资的各类人员总数,包括国家有编制的合同制职工、固定职工、招聘人员和返聘的离退休人员,不包括离退休人员、停薪留职人员、外聘人员和在读非本单位研究生;按工作性质分为从事科技活动人员,从事生产、经营活动人员,以及其他人员(医疗、工程设计、教育培训、后勤服务等),统计科研院所的人员数量一般以"从业人员"为准。

2017年,省属公益类科研院所共有从业人员2 736人,比2016年增加了38人,增加了1.41%。从从业人员的比重看,从事科技活动人员占88.45%,远高于从事生产、经营活动人员及其他人员,是省属公益类科研院所人力资源中最重要的主体,其占比符合省属公益类科研院所的科研定位。2017年从事科技活动人员比2016年增加79人,增加了3.37%;从事生产、经营活动人员2017年比2016年减少了19人,减少52.78%;其他人员2017年比2016年减少22人,减少了6.86%。2015年、2016年和2017年省属公益类科研院所从业人员总数和从事科技活动人员均呈现先小幅减少后小幅增加的波动变化,从事生产、经营活动人员和其他人员人数呈现逐年下降的趋势（表2-1）。

表2-1 2015—2017年福建省属公益类科研院所从业人员按工作性质分类概况 （人，%）

项目	2015年		2016年			2017年		
	人数	比重	人数	比重	增长率	人数	比重	增长率
从业人员总数	2 756	100.00	2 698	100.00	-2.10	2 736	100.00	1.41
其中：从事科技活动人员	2 404	87.23	2 341	86.77	-2.62	2 420	88.45	3.37
从事生产、经营活动人员	47	1.71	36	1.33	-23.40	17	0.62	-52.78
其他人员	305	11.07	321	11.90	5.25	299	10.93	-6.86

2.1.1.2 人员构成

科研院所人员构成由从业人员、外聘的流动学者（编制在其他单位）、招收的非本单位在读研究生和离退休人员4部分组成。2017年，省属公益类科研院所共有人员4 918人，同比上年减少了1.74%。其中，从业人员总数为2 736人，同比上年增加了1.41%；外聘的流动研究人员190人，同比上年增加了79人；招收的非本单位在读研究生比2016年减少了187人，退休人员比2016年减少了17人。37家省属公益类科研院所的从业人员和外聘的流动学者数量在2015—2016年先小幅减少，2016—2017年再小幅回升；招收的非本单位在读研究生数量2015—2016年出现小幅增加，2016—2017年则大量减少；离退休人员数量2015—2017年三年持续小幅度缩减。从业人员的比重三年来持续稳定小幅增加（表2-2）。

表2-2 2015—2017年福建省属公益类科研院所人员身份构成概况 （人，%）

项目	2015年		2016年			2017年		
	人数	比重	人数	比重	增长率	人数	比重	增长率
从业人员	2 756	53.64	2 698	53.91	-2.10	2 736	55.63	1.41
外聘的流动学者	137	2.67	111	2.22	-18.98	190	3.86	71.17
招收的非本单位在读研究生	251	4.89	272	5.43	8.37	85	1.73	-68.75
离退休人员	1 994	38.81	1 924	38.44	-3.51	1 907	38.78	-0.88
合计	5 138	100.00	5 005	100.00	-2.59	4 918	100.00	-1.74

2.1.1.3 人员流动

2017年，福建省属公益类科研院所共新增人员136人，比2016年增加了25.93%。在新增人员中，应届高校毕业生57人，同比增加了32.56%。2017年新增高校毕业生占省属公益类科研院所新增人员比例为41.91%，同比增加2.1个百分点；招聘的其他成员占省属公益类科研院所新增人员比例为44.85%，同比增加1.33个百分点。招聘的其他成员中来自企业的有40人，占新增人员比例为65.57%，同比增加了30.38个百分点。2015—2017年福建省公益类科研院所新增人员数量，2015—2016年减少、2016—2017年增加，其中增加的人员主要是来自应届高校毕业生和招聘的其他人员。变化趋势与新增人员保持相同（表2-3）。

表2-3 2015—2017年福建省属公益类科研院所新增和减少人员情况 （人，%）

项目	2015年 人数	2015年 比重	2016年 人数	2016年 比重	2016年 增长率	2017年 人数	2017年 比重	2017年 增长率
新增人员总数（人）	131	100.00	108	100.00	-17.56	136	100.00	25.93
应届高校毕业生	65	49.62	43	39.81	-33.85	57	41.91	32.56
招聘的其他人员	56	42.75	47	43.52	-16.07	61	44.85	29.79
来自研究院所	14	10.69	3	2.78	-78.57	11	18.03	266.67
来自企业	18	13.74	38	35.19	111.11	40	65.57	5.26
来自高等学校	7	5.34	3	2.78	-57.14	4	6.56	33.33
来自国外	0	0	0	0	0	0	0	0
来自政府部门	9	6.87	1	0.93	-88.89	4	6.56	300.00
其他新增人员	10	7.63	18	16.67	80.00	18	13.24	0
减少人员总数（人）	163	100.00	131	100.00	-19.63	101	100.00	-22.90
离开本单位的人员	91	55.83	81	61.83	-10.99	39	38.61	-51.85
流向研究院所	5	3.07	9	6.87	80.00	3	7.69	-66.67
流向企业	63	38.65	55	41.98	-12.70	12	30.77	-78.18
流向高等学校	6	3.68	2	1.53	-66.67	8	20.51	300.00
出国	1	0.61	3	2.29	200.00	2	5.13	-33.33
流向政府部门	5	3.07	11	8.40	120.00	9	23.08	-18.18
离退休人员	68	121.43	42	32.06	-38.24	61	60.40	45.24
其他减少人员	4	2.45	8	6.11	100.00	1	0.99	-87.50

2017年，省属公益类科研院所共减少人员101人。在减少的人员当中，以离退休的人员为主，占减少总人数的60.40%。离开本单位的人员主要流向企业和政府部门，分别占减少总人数的30.77%和23.08%；流向高等学校、研究院所和出国的人员则分别占了20.51%、7.69%和5.13%。2015—2017年减少人员总数呈现逐年下降的趋势。

2.1.2　科技活动人员

科技活动人员是科技创新的主体，其结构和质量体现了一个地区的科技发展水平，也代表着人力资源的"质"，在一定程度上反映院所科研发展的潜力。

2.1.2.1　总数与构成

从事科技活动人员按工作性质分为科技管理人员、课题活动人员和科技服务人员。

2017年，省属公益类科研院所从事科技活动人员总数为2 420人，同比上年增加了3.37%；其中，女性人数为957人，占科技活动人员总数的39.55%。从工作性质分类看，2017年课题活动人员为1 766人，占从事科技活动人员总数的72.98%，同比上年增加了5.31%，仍旧是科技活动人员中最具有科技创新能力的群体（表2-4）。从事科技活动人员2015—2016年、2016—2017年呈现先小幅减少后小幅增加的波动变化情况；其中，科技管理人员、课题活动人员、科技服务人员这三年的变化趋势大体相同且与从事科技活动人员的变化趋势一致。

表2-4　2015—2017年福建省属公益类科研院所科技活动人员构成情况　　（人，%）

项目	2015年		2016年			2017年		
	人数	比重	人数	比重	增长率	人数	比重	增长率
从事科技活动人员	2 404	100.00	2 341	100.00	-2.62	2 420	100.00	3.37
其中：女性	926	38.52	917	39.17	-0.97	957	39.55	4.36
其中：科技管理人员	332	13.81	361	15.42	8.73	325	13.43	-9.97
课题活动人员	1 745	72.59	1 677	71.64	-3.90	1 766	72.98	5.31
科技服务人员	327	13.60	303	12.94	-7.34	329	13.60	8.58

2.1.2.2 学科分布

福建省属公益类科研院所按机构按学科领域划分可分为基础科学类 4 家、农业类 21 家、医药卫生类 4 家、其他公共科技与社会发展类 8 家。

2017 年，省属公益类科研院所中，从事农业类的科技活动人员最多，有 1 342 人，占 55.45%；其次是其他领域科技活动人员，有 726 人，占 30.00%；基础科学类和医药科学类占比相同，为 7.27%（表 2-5）。

表 2-5　2017 年省属公益类科研院所人员学科分布　（人，%）

学科领域	科技活动人员	比重
从事科技活动人员	2 420	100
农业科学	1 342	55.45
医药科学	176	7.27
基础科学	176	7.27
其他领域	726	30.00

2.1.2.3 学历结构

2017 年，省属公益类科研院所从事科技活动人员中博士、硕士学历、本科人员均有所增加。其中，拥有博士学位的有 252 人，同比增加 14.56%；拥有硕士学位的有 824 人，同比增加 1.29%；拥有本科学历有 1 025 人，比 2016 年增加 3 人；大专毕业的科技活动人员比重，同比减少了 8.53%，所占比重同比减少了 1.03%。从学历结构看，省属公益类科研院所的科技活动人才队伍已经形成了本科学历以上的人才占绝大多数的学历结构（表 2-6）。

表 2-6　2015—2017 年福建省属公益类科研院所从事科技活动人员学历结构　（人，%）

项目	2015 年		2016 年			2017 年		
	人数	比重	人数	比重	增长率	人数	比重	增长率
从事科技活动人员总数	2 404	100.00	2 341	100.00	-2.62	2 420	100.00	3.37
其中：博士毕业	225	9.36	241	10.29	7.11	252	10.41	4.56
硕士毕业	763	31.74	767	32.76	0.52	824	34.05	7.43
本科毕业	1 089	45.30	1 022	43.66	-6.15	1 025	42.36	0.29
大专毕业	209	8.69	211	9.01	0.96	193	7.98	-8.53
其他	118	4.91	100	4.27	-15.25	126	5.21	26.00

2.1.2.4 职称结构

省属公益类科研院所科技活动人员的职称比例：高级职称898人，占37.11%；中级职称866人，占35.79%；初级职称人员和无职称分别为421人、235人，分别占17.40%、9.71%（表2-7）。

表2-7 2015—2017年福建省属公益类科研院所从事科技活动人员职称结构 （人，%）

项目	2015年		2016年			2017年		
	人数	比重	人数	比重	增长率	人数	比重	增长率
从事科技活动人员总数	2 404	100.00	2 341	100.00	-2.62	2 420	100.00	3.37
其中：高级职称	945	39.31	910	38.87	-3.70	898	37.11	-1.32
中级职称	845	35.15	843	36.01	-0.24	866	35.79	2.73
初级职称	423	17.60	413	17.64	-2.36	421	17.40	1.94
其他	191	7.95	175	7.48	-8.38	235	9.71	34.29

2.2 科技人员结构分析

2.2.1 院所间科技人员结构分析

2017年，省属研究院所科技活动人员中，福建师范大学地理研究所的硕士、博士学历比例最高，达96.67%；其次是厦门大学抗癌研究中心，达87.6%。硕博士学历人数占50%以上的还有福建省农业科学院土壤肥料研究所、福建省农业科学院生物技术研究所等18家单位。

2017年，从高级职称人数所占比例看，50%以上的有福建师范大学地理研究所、厦门大学抗癌研究中心、福建省农业科学院生物技术研究所、福建省林业科学研究院、福建省标准化研究院、福建省计划生育科学技术研究所、福建省农业机械化研究所、福建省农业科学院植物保护研究所等6家。

2.2.2 不同领域科技人员结构分析

从福建省属公益类科研院所从事科技活动人员的职称学历在四大领域中分布情况来看，基础科学领域的硕士、博士学历和高级职称人员比重最高，占51.70%和42.61%，其次是农业科学领域，比重为51.34%和40.98%；而医药科学和其他领域的科技活动人员中,硕士、博士学历和高级职称比重均相对较低(表2-8)。各院所科技具体活动人员学历和支出比例情况本书情况本书受统计法及相关单位要求此处略过。

表2-8 2017年福建省属公益类科研院所不同学科领域科技活动人员学历和职称分布 (人,%)

学科领域	科技活动人员	硕(博)士	比重	高级职称	比重
基础科学	176	91	51.70	75	42.61
农业科学	1 342	689	51.34	550	40.98
医药科学	176	82	46.59	54	30.68
其他领域	726	214	29.48	219	30.17

注:比重为占该学科领域科技活动人员的比值

3 科技收入与支出

3.1 经费收入及来源

3.1.1 科技收入概况

科研机构经费收入情况反映的是科研院所通过各种活动所获得的收入，也反映了科研院所科技活动收入的来源。经费收入总额：科技活动收入、生产经营活动收入和其他收入，不含代管经费和转拨外单位经费，其他收入包含医疗、工程设计、教学培训以及离退休人员的政府拨款等收入。2017年，省属公益类科研院所经费收入共计97 982.3万元，同比上年减少了3.49%，2015—2017年，收入金额逐年减少；2017年的收入总额中，科技活动收入86 771.4万元，同比上年减少了10.14%，2015—2017年，科技活动收入金额逐步减少；其他收入4 653.1万元，同比增加了21.46%，2015—2016年，收入金额急剧降低、2016—2017年收入金额又大幅度增加。从收入来源看，2017年科技活动收入占收入总额比重为88.56%，2015—2017年，年际间变化趋势为先升高后降低；生产、经营活动收入比重为6.69%，2015—2017年，年际间变化趋势为逐步升高；其他收入比重为4.75%，2015—2017年，年际间变化趋势为先大幅度降低后小幅增加；2017年用于离退休人员的政府拨款为983.7万元，占收入总额的1.00%，比2016年稍有降低（表3-1）。

表 3-1 2015—2017 年福建省属公益类科研院所经费收入按活动性质分类情况（万元，%）

项目	2015 年		2016 年			2017 年		
	金额	比重	金额	比重	增长率	金额	比重	增长率
收入总额	116 264	100.00	101 523	100.00	-12.68	97 982.3	100.00	-3.49
科技活动收入	98 105	84.38	96 567	95.12	-1.57	86 771.4	88.56	-10.14
生产、经营活动收入	1 046	0.90	1 125	1.11	7.55	6 557.8	6.69	482.92
其他收入	17 112	14.72	3 831	3.77	-77.61	4 653.1	4.75	21.46
其中：用于离退休人员的政府拨款	—	—	1 365	1.34	—	983.7	1.00	-27.93

对各学科的科技活动收入进行比较，农业科学的科技活动收入最多，为 46 375.1 万元。所有科技活动收入按四类领域分类，依次为农业科学占比 53.45%、其他领域占 29.88%、基础科学占 10.6%、医药卫生占 6.05%；从生产、经营活动收入的学科分布来看，其他领域的生产经营活动收入最多，为 5 928.9 万元。生产、经营活动收入按四类领域分类依次为其他领域（90.41%）、农业科学（7.32%）、基础科学（2.27%）和医药卫生；从其他收入的学科分布来看，农业科学的其他收入最多，为 1 849.5 万元。其他收入的学科分布依次为农业科学（39.75%）、其他领域（33.63%）、医药卫生（17.68%）和基础科学（8.94%）（表 3-2）。

表 3-2 2017 年省属公益类科研院所经费收入的活动性质与学科交叉分布情况 （万元，%）

项目	基础科学		农业科学		医药卫生		其他领域	
	金额	比例	金额	比例	金额	比例	金额	比例
科技活动收入	9 219.7	10.63	46 375.1	53.45	5 250.6	6.05	25 926	29.88
生产、经营活动收入	148.9	2.27	480.0	7.32	0	0	5 928.9	90.41
其他收入	416.0	8.94	1 849.5	39.75	822.8	17.68	1 564.8	33.63

3.1.2 科技活动收入及来源

2017 年，省属公益类科研院所科技活动收入 86 771.4 万元，同比上年减少了 10.14%。科技活动收入中，来源于政府资金共计 76 826.7 万元，占科技活动收入总额的 88.54%，2015—2017 年，来源于政府资金的科技活动收金额逐年降低，但占科技活动收入总额的比重逐年提高；来源于非政府资金共计 9 944.7 万元，占科技活动收入总额的 11.46%，2015—2017 年，来源于非政府资金收入金额逐年减少，占科技活动收入总额的比重也逐年降低。在政府资金来源中，来源于财政拨款有 58 626.4 万元，占科技活动收入总额的 67.56%，2015—2017 年，来源于财政拨款的金额占科技活动收入总额的比重逐年提高；来源于承担政府科研项目收入的有 16 574.6 万元，占科技活动收入的 19.10%，2015—2017 年，来源于承担政府科研项目收入金额逐年减少，占科技活动收入总额的比重也逐年降低。说明了政府资金对公益科研院所收入重要性不断增加，其中财政拨款和政府科研项目收入是主要途径，前者三年来比重持续增加，后者三年来比重持续小幅减少（表 3-3）。

表 3-3 2015—2017 年福建省属公益类科研院所科技活动收入及来源情况 （万元，%）

项目	2015 年		2016 年			2017 年		
	金额	比重	金额	比重	增长率	金额	比重	增长率
科技活动收入	98 107	100.00	96 567	100.00	-1.57	86 771.4	100.00	-10.14
政府资金	85 574	87.23	85 447	88.48	-0.15	76 826.7	88.54	-10.09
财政拨款	59 108	60.25	61 858	64.06	4.65	58 626.4	67.56	-5.22
承担政府科研项目收入	24 244	24.71	21 069	21.82	-13.10	16 574.6	19.10	-21.33
其他	2 221	2.26	2 520	2.61	13.46	1 625.7	1.87	-35.49
来自地方政府的资金	—	—	75 776	78.47		54 275	62.55	-28.37
来自中央政府的资金	—	—	9 670	10.01		22 551.7	25.99	133.21
非政府资金	12 533	12.77	11 120	11.52	-11.27	9 944.7	11.46	-10.57
技术性收入	11 622	11.85	9 639	9.98	-17.06	8 441.6	9.73	-12.42
来自企业	5 885	6.00	5 527	5.72	-6.08	4 950.9	5.71	-10.42
来自大中型企业		0	7 470	7.74		1 078.9	1.24	-85.56
国外资金	0	0	0	0	—	0	0	—

3.1.3 人均科技活动收入分析

3.1.3.1 省属公益类科研院所总体分析

2017年,省属公益类科研院所人均科技活动收入为35.86万元,同比上年减少了13.08%。从人均科技活动收入来源看,人均政府财政拨款24.23万元,同比减少了8.31%;人均承担政府科研项目收入6.85万元,同比减少了23.90%(表3-4)。

表3-4 2015—2017年福建省属公益类科研院所人均科技活动收入及来源变化 (万元,%)

项目	2015年	2016年		2017年	
	金额	金额	增长率	金额	增长率
人均科技活动收入	40.81	41.25	1.08	35.86	-13.08
人均财政拨款	24.59	26.42	7.46	24.23	-8.31
人均承担政府科研项目收入	10.09	9.00	-10.80	6.85	-23.90

3.1.3.2 省属公益类科研院所比较

37家省属公益类科研院所学科各异、规模大小不同、科技活动性质差异较大,所以科技活动收入差别也极大。2017年,37家省属公益类科研院所中,科技活动收入排名前5名的科研院所依次为福建省计量科学研究院、福建省水产研究所、福建海洋研究所、福建省林业科学研究院、福建省农业科学院水稻研究所。各院所详细科技活动收入情况,本书受统计法及相关单位要求此处略。

3.2 科技活动中非政府来源技术性收入分析

3.2.1 技术性收入概述

科技活动中非政府来源技术性收入是指:单位从事科学技术活动所获得的非政府资金(毛收入),如企事业单位和社会团体利用自有资金委托本单位开展科学技术活动所提供的资金,有技术开发收入、技术转让收入、技术咨询及技术服务收入、学术活动和科普活动收入几项合计。

2017年，省属公益类科研院所技术性收入为8 441.6万元，同比上年降低了12.43%，人均技术性收入为4.78万元，同比上年降低了16.58%（表3-5）。

表3-5　2016年、2017年福建省属公益类科研院所技术性收入变化情况

项目	2016年	2017年	增长率（%）
技术性收入（万元）	9 639.40	8 441.60	-12.43
人均技术性收入（万元/人）	5.73	4.78	-16.58

注：人均技术性收入=技术性收入/课题活动人员

3.2.2　技术性收入院所间比较分析

2017年，共有24家省属公益类科研院所产生技术性收入。37家省属公益类科研院所学科各异、规模大小不同、科技活动性质差异较大，所以技术性收入差别自然亦极大。技术性收入排名前三的分别为福建省环境科学研究院、福建省水产研究所、福建海洋研究所。各院所详细技术性收入情况，本书受统计法及相关单位要求此处略。

3.3　R&D经费内部支出比较

3.3.1　福建省科技活动主体R&D经费内部支出比较

科学研究与试验发展（research and development，R&D）经费内部支出是指科技活动主体用于内部开展R&D活动（包括基础研究、应用研究、试验发展）的实际支出。包括用于R&D项目（课题）活动的直接支出，以及间接用于R&D活动的管理费、服务费、与有关的基本建设支出以及外协加工费等。不包括生产性活动支出、归还贷款支出以及与外单位合作或委托外单位进行R&D活动而转拨给对方的经费支出。科研机构、大中型工业企业和高等院校是目前我省主要的科技活动主体单位，依据福建省统计年鉴（2018），福建省科技活动主体R&D经费支出按这三类单位数据统计。

2017年，福建省科技活动主体R&D经费合计3 886 300万元，同比增长18.24%。其中科学研究与开发机构231 600万元，同比增长24.52%。省属公益类科研院所占全省科技活动主体、全省科研机构R&D经费比例分别为0.954%、22.37%（表3-6）。

表 3-6 2010 年、2015—2017 年福建省科技活动主体 R&D 经费内部支出情况　　（万元）

机构类型	项目	2010 年	2015 年	2016 年	2017 年
福建省科学研究与开发机构	R&D 经费内部支出	65 400	154 800	186 000	231 600
	人均支出	19.48	31.10	34.41	40.61
福建省属公益类科研院所	R&D 经费内部支出	12 023	96 663	91 674	51 798
	人均支出			39.16	21.40
福建省高等院校	R&D 经费内部支出	69 400	153 700	271 600	366 900
	人均支出	5.65	5.90	9.37	11.53
福建省大中型工业企业	R&D 经费内部支出	1 161 200	2 616 300	2 913 700	3 387 800
	人均支出	16.30	19.51	20.08	23.28
三类合计	R&D 经费内部支出	1 296 000	2 924 800	3 371 300	3 886 300

注：数据来源于《福建统计年鉴》，R&D 经费人均内部支出 =R&D 经费内部支出 / 研究与试验发展（R&D）人员

从福建省属公益类科研院所与高校、大中型工业企业的 R&D 经费内部支出比较看，省属公益类科研院所的 R&D 经费内部支出占全省科研机构 R&D 经费内部支出的 22.37%，与高校的 R&D 经费内部支出比为 1∶7.08。从人均 R&D 经费内部支出比较来看，省属公益类科研机构最高，达 39.16 万元，高于高校（5.29 万元）、大中型工业企业（23.24 万元）和科学研究与开发机构（24.97 万元）（表 3-7）。

表 3-7 2010 年、2015—2017 年福建省科学研究与开发机构 R&D 经费内部支出比较

项目	2010 年	2015 年	2016 年	2017 年
省属公益院所 R&D 经费支出占全省科技活动主体比例（%）	0.93	3.30	2.72	0.95
省属公益院所 R&D 经费支出占全省科研机构比例（%）	18.38	62.44	49.29	22.37
省属公益院所与高校 R&D 经费支出比	1∶5.77	1∶1.59	1∶2.96	1∶7.08
省属公益院所与大中型工业企业 R&D 经费支出比	1∶96.58	1∶27.07	1∶31.78	1∶65.40

3.3.2 省属公益类科研院所间 R&D 经费内部支出分析

3.3.2.1 R&D 经费内部支出比较分析

R&D 经费内部支出包括 R&D 经常费用支出与 R&D 基本建设费两部分。

2017 年,福建省属公益类科研院所 R&D 经费内部支出合计 51 798 万元,其中 R&D 经常费用与 R&D 基本建设费分别为 49 254.8 万元、2 543.2 万元。37 家省属公益类科研院所学科各异、规模大小不同、科技活动性质差异较大,所以 R&D 经费内部支出差别也很大。各院所详细 R&D 经费内部支出情况,本书受统计法及相关单位要求此处略过。

3.3.2.2 R&D 经常费用支出分析

R&D 经常费用支出按活动类型分为基础研究、应用研究、试验发展类。

2017 年,福建省属公益类科研院所 R&D 经常费用中基础研究、应用研究、试验发展分别为 7 911.8 万元、14 556.7 万元、26 786.3 万元。各院所详细 R&D 经常费用支出情况,本书受统计法及相关单位要求此处略过。

4 科研课题

4.1 科研课题类型及经费

科研课题是科研院所开展科技活动的最主要形式。省属公益类科研院所承担的课题研究主要有基础研究、应用研究、试验发展、研究与试验发展成果应用、科技服务 5 类。承担的科研课题类型、经费支出等反映的是科研院所科研创新能力与水平。

4.1.1 科研课题数量分析

2017 年，福建省属公益类科研院所承担科研课题 2 048 项，同比减少了 2.57%。从基础研究、应用研究、试验发展、研究与试验发展成果应用、科技服务的课题数量来看，应用研究、研究与试验发展成果应用较上年增加明显，分别增加了 17.10%、11.76%，其他 3 个类别的课题数量有所减少，其中科技服务幅度最大，为 14.49%，其次是试验发展课题数量减少 12.88%，基础研究课题数量稍有下降，较上年减少 3.16%（表 4-1）。

表 4-1 2015—2017 年福建省属公益类科研院所各类科研课题数量分析 （项，%）

课题数	2015 年	2016 年			2017 年		
	数量	数量	比重	增长率	数量	比重	增长率
基础研究	352	411	19.55	16.76	398	19.43	-3.16
应用研究	450	427	20.31	-5.11	500	24.41	17.10
试验发展	601	691	32.87	14.98	602	29.39	-12.88
研究与试验发展成果应用	327	221	10.51	-32.42	247	12.06	11.76
科技服务	322	352	16.75	9.32	301	14.70	-14.49
合计	2 052	2 102	—	2.44	2 048	—	-2.57

4.1.2 科研课题经费内部支出分析

2017年,基础研究、应用研究、研究与试验发展成果应用课题的政府资金支出占经费总支出的比例在78.00%~97.06%。占比最高的是研究与试验发展成果应用课题,其来源于政府的资金占经费支出的比例为97.06%,最低的是科技服务课题,其政府资金占经费支出的比例为78.00%(表4-2)。

4.1.3 省属公益类科研院所院所间科研课题比较分析

37家省属公益类科研院所行业学科各异、规模大小不同、科技活动性质差异较大,所承担科技项目行业分类、性质等差异极大,所以承担科技项目课题经费差别自然亦极大。2017年,省属公益类科研院所承担科技项目课题经费最高的院所经费接近4 000万,经费超过1 000万的院所共有17家。各家院所具体承担科技项目课题数量与经费情况本书受统计法及相关单位要求此处略过。

4.2 R&D 课题来源及经费分析

省属公益类科研院所承担的R&D课题来源有国家科技项目、地方科技项目、企业委托科技项目、自选科技项目、国际合作科技项目和其他科技项目等六大类。

4.2.1 R&D课题研究项目来源总体概况

2017年,省属公益类科研院所共承担R&D课题研究项目1 500项,同比上年减少29项,减少了约1.90%;2017年省属公益类科研院所承担R&D课题经费内部支出为30 713万元,同比上年增长14.55%;2017年省属公益类科研院所承担单位R&D课题的经费支出为20.48万元,同比上年增长16.76%(表4-3)。

表 4-2 2015—2017 年福建省属公益类科研院所承担分类别课题的经费内部支出中政府资金比例

(万元，%)

项目	2015 年			2016 年				2017 年			
	课题经费内部支出	其中政府资金	府资金比重	课题经费内部支出	其中政府资金	政府资金比重	课题经费内部支出增长率	其中政府资金增长率	课题经费内部支出	其中政府资金	政府资金比重	课题经费内部支出增长率	其中政府资金增长率

重新组织表格：

项目	2015年 课题经费内部支出	2015年 其中政府资金	2016年 课题经费内部支出	2016年 其中政府资金	2016年 政府资金比重	2016年 课题经费内部支出增长率	2016年 其中政府资金增长率	2017年 课题经费内部支出	2017年 其中政府资金	2017年 政府资金比重	2017年 课题经费内部支出增长率	2017年 其中政府资金增长率
基础研究	3 775	3 643	4 159	3 766	90.55	10.17	3.38	5 429.50	5 056.87	93.14	30.55	34.28
应用研究	5 192	4 860	5 853	5 562	95.02	12.73	14.44	6 911.03	6 401.75	92.63	18.08	15.10
试验发展	13 482	13 021	16 799	16 132	96.03	24.60	23.89	18 372.07	16 439.51	89.48	9.36	1.91
研究与试验发展成果应用	5 608	5 424	6 365	6 066	95.30	13.50	11.84	5 939.05	5 764.57	97.06	-6.69	-4.97
科技服务	3 462	3 280	6 786	6 522	96.10	96.01	98.84	4 006.05	3 124.58	78.00	-40.97	-52.09
合计	31 519	30 229	39 962	38 047	95.21	26.79	25.86	40 657.70	36 787.28	90.48	1.74	-3.31

表 4-3 2015—2017 年福建省属公益类科研院所研究项目及经费支出总体情况

（项，万元）

年份	R&D 课题来源数	R&D 课题经费内部支出	单位 R&D 课题的经费支出额
2015 年	1 403	22 449	16.00
2016 年	1 529	26 812	17.54
增长率（%）	8.98	19.43	9.59
2017 年	1 500	30 713	20.48
增长率（%）	-1.90	14.55	16.76

注：单位 R&D 课题的经费支出额 =R&D 课题经费内部支出 /R&D 课题来源数

4.2.2 科研课题研究项目来源分析

2017 年，省属公益类科研院所承担的 R&D 课题以地方科技项目来源为主，其次是国家科技项目来源。地方科技项目课题数 987 项，占全部 R&D 课题总数的比重为 65.80%，同比降低 8.53 %；地方科技项目经费内部支出 17 455 万元，占全部 R&D 课题经费内容支出总额的 56.83%，同比增长 12.61 %。国家科技项目课题数为 204 项，占全部 R&D 课题总数的比重为 13.60%，同比增加了 0.49 %；国家科技项目经费内部支出 9 704 万元，占全部 R&D 课题经费内容支出总额的 31.60%，同比增加 13.20%（表 4-4）。

表 4-4 2015—2017 年福建省属公益类科研院所承担 R&D 课题来源数量及经费支出

R&D 课题来源	2015 年	2016 年			2017 年		
	数量（项）	数量（项）	比重	增长率（%）	数量（项）	比重	增长率（%）
国家科技项目	314	203	13.28	-35.35	204	13.60	0.49
地方科技项目	770	1 079	70.57	40.13	987	65.80	-8.53
企业委托科技项目	60	5	0.33	-91.67	49	3.27	880.00
自选科技项目	173	171	11.18	-1.16	189	12.60	10.53
国际合作科技项目	3	1	0.07	-66.67	1	0.07	0
其他科技项目	83	70	4.58	-15.66	70	4.67	0
合计	1 403	1 529	100.00	8.98	1 500	100.00	-1.90

（续表）

R&D 课题来源	2015年 经费（万元）	2016年 经费（万元）	2016年 比重	2016年 增长率（%）	2017年 经费（万元）	2017年 比重	2017年 增长率（%）
国家科技项目	9 939	8 572	31.97	-13.75	9 704	31.60	13.20
地方科技项目	9 177	15 501	57.81	68.91	17 455	56.83	12.61
企业委托科技项目	318	27	0.10	-91.51	204	0.66	656.30
自选科技项目	1 522	1 626	6.06	6.83	2 390	7.78	47.01
国际合作科技项目	62	7	0.03	-88.71	8	0.03	18.57
其他科技项目	1 431	1 079	0.04	-24.60	951	3.10	-11.87
合计	22 449	26 812	100.00	19.44	30 713	100	14.55

2017年，R&D课题政府资金27 898万元，占课题经费内部支出比例为90.84%，同比上年增长9.58%。国家科研项目的政府资金为7 920万元，占课题经费内部支出的比例为81.61%，同比减少3.26%；地方科技项目的政府资金为16 659万元，占课题经费内部支出的比例为95.44%，同比增长13.48%（表4-5）。

表4-5 2015—2017年福建省属公益类科研院R&D课题经费支出中央政府资金情况 （万元，%）

R&D 课题	2015年 政府资金	2016年 政府资金	2016年 政府资金比重	2016年 政府资金增长率	2017年 政府资金	2017年 政府资金比重	2017年 政府资金增长率
国家科技项目	9 550	8 187	95.51	-14.27	7 920	81.61	-3.26
地方科技项目	8 940	14 680	94.71	64.21	16 659	95.44	13.48
企业委托科技项目	69	0	0	-100.00	25	12.29	—
自选科技项目	1 486	1 512	92.99	1.75	2 354	98.46	55.66
国际合作科技项目	62	7	100.00	-88.71	8	100.00	18.57
其他科技项目	1 418	1 074	99.54	-24.26	933	98.08	-13.16
合计	21 524	25 460	94.96	18.29	27 898	90.84	9.58

4.2.3 省属公益科研院所间 R&D 课题项目内部经费支出比较分析

37 家福建省属公益类科研院所行业学科各异、规模大小不同、科技活动性质差异较大，所承担科技项目行业分类、性质、项目课题经费差别极大，所以 R&D 课题项目内部经费支出差别亦极大。2017 年，福建省属公益类科研院所承担科技项目内部经费支出最高的院所支出近 3 500 万元。R&D 课题项目内部经费支出超过 1 000 万元的院所共有 11 家，各院所详细 R&D 课题项目内部经费支出本书情况本书受统计法及相关单位要求此处略过。

4.3 2017 年度新增科研课题情况分析

2017 年，新增课题 799 项，其内部支出中政府资金占比 91.15%。新增课题分布于 78 个学科方向；其中，以学科项目数占比在前 75% 统计来看，集中在园艺学、农艺、农业基础学科、兽医学、畜牧学、植物保护学等方向（表 4-6）。政府资金占 2017 年总资金的 72%。

表 4-6 2017 年福建省属公益类科研院所新增课题项目数占比在前 75% 的研究方向及数量 （项，%）

学科方向	项目数	累计百分比	学科方向	项目数	累计百分比
园艺学	192	24	农学其他学科	18	60
农艺学	51	30	物理学相关工程与技术	18	62
农业基础学科	46	36	海洋科学	16	64
兽医学	37	41	标准科学技术	16	66
植物保护学	22	48	农产品贮藏与加工	14	68
水产养殖学	21	51	中医学	13	70
中药学	21	53	微生物学	12	71
环境工程学	20	56	林木遗传育种学	12	73
土壤学	18	58			

2017 年，科研课题面向 40 类社会经济目标，以学科项目数占比在前 75%

统计来看，集中于农作物种植及培育、农林牧渔业体系支撑、农林牧渔业发展一般问题、畜牧业、渔业等社会经济目标（表4-7）。

表4-7 2017年福建省属公益院所新增课题的社会经济目标分析　　（项，%）

社会经济目标	项目数	累计百分比
农作物种植及培育	281	35
农林牧渔业体系支撑	100	48
农林牧渔业发展一般问题	40	53
畜牧业	35	57
渔业	28	61
社会发展和社会服务一般问题	26	64
诊断与治疗	24	67
环境监测	23	70
环境治理	22	72
食品、饮料和烟草制品业	21	75

2017年，科研课题服务77类国民经济行业，以学科项目数占比最多的前75%统计来看，分布在蔬菜、食用菌及园艺作物种植、水果种植、农业专业及辅助性活动、谷物种植、其他农业等（表4-8）。

表4-8 2017年福建省属公益院所新增课题所服务的国民经济行业分析 （项，%）

服务的国民经济行业	项目数	累计百分比
蔬菜、食用菌及园艺作物种植	95	12
水果种植	78	22
农业专业及辅助性活动	44	27
谷物种植	38	32
其他农业	37	37
工业与专业设计及其他专业技术服务	33	41
水产养殖	27	44
生态保护	27	47
中药材种植	25	51
医学研究和试验发展	24	54

（续表）

服务的国民经济行业	项目数	累计百分比
社会人文科学研究	23	56
质检技术服务	23	59
环境治理业	23	62
坚果、含油果、香料和饮料作物种植	22	65
海洋服务	20	67
自然科学研究和试验发展	19	70
豆类、油料和薯类种植	16	72
林木育种和育苗	15	74
牲畜饲养	14	75

5 科研成果与科技产出

5.1 获奖科研成果

2017年,福建省属公益类科研院所共获得:国家科学技术进步奖二等奖1项(第七完成单位);福建省科学技术进步奖14项,其中一等奖2项、二等奖5项、三等奖7项;其他还包括福建省科学技术奖三等奖1项、福建医学科技奖三等奖1项、福建水利科学技术进步一等奖1项、中国民族医药学会科学技术奖一等奖1项、中国民族医药学会学术著作二等奖1项,福建省标准贡献奖二等奖2项,华东地区科技情报成果奖二等奖2项、三等奖1项(表5–1)。

表5–1 2017年福建省属公益类科研院获省级及省级以上奖情况

奖项名称	项目名称	主要完成单位	主要完成人员
国家科技进步二等奖	竹林生态系统碳汇监测与增汇减排关键技术及应用	浙江农林大学、国际竹藤中心、中国林业科学研究院亚热带林业研究所、国家林业局竹子研究开发中心、浙江科技学院、中国绿色碳汇基金会、福建省林业科学研究院	周国模、范少辉、姜培坤、杜华强、施拥军、单胜道、钟哲科、楼一平、李永夫、郑蓉、李金良、宋新章、桂仁意、宋照亮、吴家森
福建省科技进步奖一等奖	鸭传染性浆膜炎病原学及诊防技术研究与应用	福建省农业科学院畜牧兽医研究所、北京大北农科技集团股份有限公司、福建出入境检验检疫局检验检疫技术中心	黄瑜、程龙飞、陈红梅、郑腾、李文杨、闫国晖、傅光华、施少华、万春和、林建生
福建省科技进步奖一等奖	水仙新品种选育及产业化	福建农林大学、福建省农业科学院亚热带农业研究所、福建省亚热带园艺植物研究中心、龙海市宜春水仙花专业合作社、厦门市园林植物园、漳州市水仙花研究所	陈晓静、潘腾飞、何炎森、王少峰、申艳红、潘东明、刘顺兴、张文江、刘与明、张益强

（续表）

奖项名称	项目名称	主要完成单位	主要完成人员
福建省科技进步奖二等奖	异位发酵床养殖粪污微生物治理工程化技术的研究与应用	福建省农业科学院农业生物资源研究所、中国农业科学院农业环境与可持续发展研究所、福建省畜牧总站、福建省农科农业发展有限公司、福建农林大学、厦门市江平生物基质技术股份有限公司	刘　波、余文权、耿　兵、史　怀、卓坤水、黄勤楼、陈倩倩
	农业废弃物多级循环利用技术集成创新与示范	福建省农业科学院农业生态研究所、福建省农业科学院食用菌研究所、福建省农业科学院土壤肥料研究所、中国农业科学院农业资源与农业区划研究所、福建农林大学	王义祥、王煌平、卢政辉、胡清秀、翁伯琦、叶　菁、刘朋虎
	枇杷花功效成分研究与综合利用	福建省农业科学院果树研究所	姜　帆、蒋际谋、陈秀萍、邓朝军、许家辉、陈天佑、周丹蓉
	珍贵树种种业创新与工厂化育苗	福建省林业科学研究院、福建农林大学、福建省林业科技试验中心、福建省福清灵石国有林场、福建省国有来舟林业试验场	范辉华、李建民、陈存及、周志春、康木水、江瑞荣、陈齐明
	澳洲龙纹斑种苗繁育与饲养技术集成创新及应用	福建省农业科学院农业质量标准与检测技术研究所、福建出入境检验检疫局检验检疫技术中心、福建天马科技集团股份有限公司、福建省农业科学院农业生态研究所	罗土炎、罗　钦、张志灯、刘　洋、饶秋华、林　虬、涂杰峰
福建省科技进步奖三等奖	杨桃良种选育及其关键栽培技术研究与应用	福建省农业科学院生物技术研究所、福建省农业科学院果树研究所、福建省农学会、福建省农业科学院亚热带农业研究所	刘　韬、廖汝玉、黄素芳、肖荣凤、陈天佑
	福建冷浸田综合治理与高效利用技术及应用	福建省农业科学院土壤肥料研究所	王　飞、李清华、林新坚、林　诚、何春梅
	香蕉枯萎病绿色防控技术体系构建	福建省农业科学院植物保护研究所、福建农林大学、福建三炬生物科技股份有限公司	陈福如、张绍升、郑加协、杨秀娟、肖　顺

（续表）

奖项名称	项目名称	主要完成单位	主要完成人员
福建省科技进步奖三等奖	麦冬种质资源评价与短葶山麦冬规范化种植技术的研究应用	福建省农业科学院农业生物资源研究所	陈菁瑛、黄颖桢、万学锋、苏海兰、陈雄鹰
	黑番鸭良种选育与关键配套技术研究	福建省农业科学院畜牧兽医研究所、龙海市顺兴金定鸭有限公司、石狮市水禽遗传资源保护研究中心	郑嫩珠、朱志明、黄勤楼、缪中纬、辛清武
	牡蛎特色产品开发技术及产业化应用	福建省水产研究所、厦门洋江食品有限公司、漳州元新食品有限公司	刘智禹、刘淑集、许旻、苏永昌、吴靖娜
	高性能综合安全网关关键技术研究	福建省科学技术信息研究所、福建师范大学	
福建省科学技术奖三等奖	人源化抗体NRP-1单克隆抗体的制备及其用于肿瘤显像和治疗	厦门大学附属中山医院，厦门大学抗癌研究中心	苏新辉、颜江华、陈陆道、罗芳洪、苗伟
福建医学科技奖三等奖	抗人NRP-1单克隆抗体放射免疫显像与治疗的实验研究	厦门大学附属中山医院，厦门大学抗癌研究中心	苏新辉、颜江华、豆晓锋、张亚飞、王生育
福建水利科学技术进步一等奖	平潭岛雨洪资源高效利用关键技术研究	福建省水利水电科学研究院	吴泽华、张新民、曲丽英、康辉平、林明财
中国民族医药学会科学技术奖一等奖	雷公藤新化合物和生物活性成分的创新性研究	福建省医学科学研究院	林绥等
中国民族医药学会学术著作二等奖	福建地道药材现代研究	福建省医学科学研究院	

(续表)

奖项名称	项目名称	主要完成单位	主要完成人员
福建省标准贡献奖二等奖	美丽乡村建设指南（DB35 T 1460—2014）	福建省标准化研究院	
	《聚乙烯（PE）生活污水处理池》（DB35T 1411—2014）	福建省标准化研究院	
华东地区科技情报成果奖二等奖	基于专利地图的稀土产业技术发展研究	福建省科学技术信息研究所	
	省级科技项目财政支出绩效评价研究	福建省科学技术信息研究所	
华东地区科技情报成果奖三等奖	省级科技查新平台建设及查新联合体运行模式的研究	福建省科学技术信息研究所	

5.2 审（认）定的新品种

2017 年，福建省属公益类科研院所共有审定品种 20 个，其中农作物品种审定数量最多的为福建省农业科学院水稻研究所，审定品种 13 个（表 5-2）。

表 5-2 2017 年福建省公益类科研院所所审（认、鉴）定新品种情况

品种名称	审定编号	作物种类	申报（选育）单位
恒丰优 342	闽审稻 20170001	早稻	福建省农业科学院水稻研究所、广东粤良种业有限公司
炳优 6028	闽审稻 20170002	早稻	福建兴禾种业科技有限公司、福建省农业科学院水稻研究所、湖南杂交水稻研究中心
谷优 644	闽审稻 20170003	早稻	福州市闽佳农作物科学研究所、福建省农业科学院水稻研究所
齐两优 676	闽审稻 20170005	中稻	福建禾丰种业股份有限公司、福建省农业科学院水稻研究所

（续表）

品种名称	审定编号	作物种类	申报（选育）单位
谷优 676	闽审稻 20170007	中稻	福建兴禾种业科技有限公司、福建省农业科学院水稻研究所、福建禾丰种业股份有限公司
野香优 676	闽审稻 20170009	中稻	福建兴禾种业科技有限公司、福建省农业科学院水稻研究所、广西绿海种业有限公司、福建禾丰种业股份有限公司
臻优 727	闽审稻 20170011	中稻	福建省农业科学院水稻研究所、四川省农业科学院作物研究所、福建农科农业良种开发有限公司
聚两优 696	闽审稻 20170013	中稻	福建省农业科学院水稻研究所、广东省农业科学院水稻研究所
两优 3995	闽审稻 20170014	中稻	福建农林大学作物科学学院、福建农科农业良种开发有限公司
聚两优 676	闽审稻 20170016	中稻	福建省农业科学院水稻研究所、广东省农业科学院水稻研究所、福建禾丰种业股份有限公司
臻优 177	闽审稻 20170019	晚稻	福建亚丰种业有限公司、福建省农业科学院水稻研究所、四川省农业科学院作物研究所
野香优航 148	闽审稻 20170020	晚稻	福建兴禾种业科技有限公司、福建省农业科学院水稻研究所、广西绿海种业有限公司、福建禾丰种业股份有限公司
民优 667	闽审稻 20170021	晚稻	福建省农业科学院福州国家水稻改良分中心、福建省农业科学院水稻研究所
繁优 676	闽审稻 20170022	晚稻	福建省农业科学院水稻研究所
金岩 A	闽审稻 20170024	不育系	福建农林大学作物科学学院、中种集团福建农嘉种业股份有限公司
闽甜 683	闽审玉 20170002	玉米	福建省农业科学院作物研究所
闽糯 1101	赣审玉 20170004	玉米	福建省农业科学院作物研究所
金艳	闽 S-SV-AC-017-2017	猕猴桃	福建省农业科学院果树研究所
金魁	闽 S-SV-AC 016-2017	猕猴桃	福建省农业科学院果树研究所
金蛎 1 号	GS-01-008-2016	葡萄牙牡蛎	福建省水产研究所

5.3 申请与授权的专利

2017年，福建省属公益类科研院所专利申请受理数342项；专利获得授权168项，其中发明专利80项。获得专利授权数排名前四的分别为福建省农业科学院果树研究所24项、福建省农业科学院畜牧兽医研究所22项、福建省计量科学研究院12项、福建省水产研究所11项。省属公益类科研院所拥有有效发明专利总数排名前三的分别是福建省农业科学院植物保护研究所161项、福建省农业科学院农业工程技术研究所83项、福建省计量科学研究院74项。

5.4 制定的国家或行业技术标准

2017年，福建省属公益类院所制定的国家或行业技术标准13项（表5-3）。

表5-3 2017年福建省属公益类科研院所技术标准制定情况

地方标准名称	标准编号	归口部门	牵头单位
食品质量安全追溯码编码技术规范	DB35/T 1711—2017	福建省市场监督管理局	福建省标准化研究院
山羊舍饲规模养殖技术规范	DB35/T 1653—2017	福建省农业科学院	福建省农业科学院畜牧兽医研究所
畜禽粪污异位微生物发酵床处理技术规范	DB35/T 1678—2017	福建省农业科学院	福建省农业科学院农业生物资源研究所
青枯病植物疫苗制备技术规程	DB35/T 1680—2017	福建省农业科学院	福建省农业科学院农业生物资源研究所
作物疫病防控技术规范	DB35/T 1682—2017	福建省农业科学院	福建省农业科学院植物保护研究所
玉米叶斑类病害综合防治技术规范	DB35/T 1683—2017	福建省农业科学院	福建省农业科学院植物保护研究所
仙草栽培技术规范	DB35/T 1703—2017	福建省农业科学院	福建省农业科学院农业生物资源研究所
利用微生物发酵床养猪废弃垫料制作食用菌培养基技术规范	DB35/T 1704—2017	福建省农业科学院	福建省农业科学院食用菌研究所

(续表)

地方标准名称	标准编号	归口部门	牵头单位
鸭短喙侏儒综合征诊断技术	DB35/T 1712—2017	福建省农业科学院	福建省农业科学院畜牧兽医研究所
茶叶烘焙机	DB34/T 2670—2016	福建省经信委	福建省农业机械化研究所
乌龙茶松包筛末机	DB35/T 891—2009	福建省经信委	福建省农业机械化研究所
病死畜禽无害化处理机	DB35/T 1515—2015	福建省经信委	福建省农业机械化研究所
基于 ebXML 的仓储出库指令和通知	GB/T 35404—2017	全国物流信息管理标准化技术委员会	福建省标准化研究院

5.5 科技论文与科技著作

2017 年，福建省属公益类科研院所共发表科技论文 1 251 篇，发表外文期刊总数为 146 篇，出版科技著作 20 部。

5.6 重要科研项目进展

2017 年，福建省属公益类科研院所承担的科研课题在关键技术研发方面取得了重要进展。

5.6.1 农业科学研究新进展

5.6.1.1 农业与林业种质资源收集与评价

（1）福建省林业科学研究院

获奖科研成果——杉木速生优质高产新品种定向选育研究与应用。该成果获"2016 年省科技进步一等奖"。选择、收集保存杉木基因型 3 251 份，建立了国家级杉木种质资源异地保存库；将种质资源表型性状与 SSR 标记结合，系统分析了种质资源遗传多样性，构建了多世代育种核心种质群体，建立了第三代良种生产群体。应用最佳线性无偏预测的混合线性模型，系统评估了第二代遗传测定林重要经济性状遗传参数及遗传结构在一个轮伐期的动态变化，后向选择出材积遗传增益高于 10.5% 的育种亲本 31 个；基于 382 个第三代家系的多点测定，筛选出稳定速生型优良家系 21 个、杂交组合 7 个。构建由 493 个优良基因型组成的杉木第四代育种群体。研究建立了有性和无性结合的杉木良种生产技术体系采用了树形、花粉和水肥等调控技术措施，实现第三代种子园良种高产稳产；优化了杉木组培快繁技术工艺，实现了'洋 020''洋 061'等优良无性系种苗产业化。

（2）福建省热带作物研究所

野牡丹科植物种质资源保存、鉴定与初步评价项目取得的主要进展如下。

① 建立野牡丹科植物种质资源圃，保存了国内外野牡丹科资源 90 多份。

② 研究蔓性野牡丹组织培养技术，建立了组培快繁体系。

③ 应用 ISSR、RAPD 分子标记方法对野牡丹属 9 种 44 份种质进行了亲缘关系分析；筛选出了适合野牡丹属植物的 RAPD、ISSR 随机引物，并应用 RAPD、ISSR 分子标记技术综合分析、构建了野牡丹属亲缘关系指纹图谱。

④ 进行两个花色印度野牡丹转录组研究，构建了两个花色印度野牡丹不同花期 6 份花瓣样品的转录组数据库，采用 RNA—seq 转录组测序获得 54 725 条 unigene，并分别通过 Nr、SwissProt、KOG 和 KEGG 4 个数据库进行同源比对和功能注释。

⑤ 开展叶底红和细叶野牡丹的传粉生物学特性研究，对细叶野牡丹和叶底红的花期、性状和访花昆虫等进行管观察，并对其繁育系统相关指标进行测定。

⑥ 运用层次分析法对 26 份野牡丹科植物种质进行观赏性和适应性的综合评价，筛选出新型优异种质：角茎野牡丹、白花印度野牡丹、粉红巴西野牡丹、蔓性野牡丹、美洲野牡丹、多花蔓性野牡丹等。

⑦ 申报发明专利 3 项：一是用于综合鉴别野牡丹属种的专用引物和方法；二是用于鉴别野牡丹属种的 RAPD 专用引物和方法；三是用于鉴别野牡丹属种的 ISSR 专用引物和方法。

芦笋新品种筛选及高效栽培关键技术研究与应用项目，于 2007 年起对初步筛选出的新品种进行比较试验，2010 年获得省科技厅的公益类科研专项立项支持（项目编号：2010R1030—1）。在原有研究基础上，结合生产实际，取得可喜的创新成果。通过新品种引种试验，筛选出可替代原主栽的高效新品种'荷兰全雄系 GINLIM'，研究其留母茎、培土、施肥、病虫害防治等关键新技术，首次研究了白芦笋茎枯病病菌的寄主范围，摸清白芦笋茎枯病菌的特征特性，明确了茎枯病在福建的发生规律，提出最佳防治期，为茎枯病防治提供科学依据。首次提出施用 EM 菌肥能提高芦笋植株抗病力和品质；提出的白芦笋高效栽培施肥新技术、其中改良配方 N：P_2O_5：K_2O 为 1：0.3：1.2；总结出一套白芦笋省力化生态高效栽培技术。经有关专家评审认为：该项目紧密结合生产实际，成果具有学术价值和应用前景，研究成果达到国内同类研究的领先水平。该成果已在漳州市东山、漳浦、云霄县等地示范推广，产量比传统栽培提高 24%，且因栽培技术是在测土的基础上，经肥料试验提出配方施肥技术，既节省肥料投入成本又提高了白芦笋嫩茎产量和品质，减少了化肥对环境的污染。同时研究关键病虫害的发生规律，采用预防与控害相结合的思想，抓住防治关键时期，用筛选出的高效安全药剂进行防治，力求以防为主，减少化学药剂的使用，减少农药污染。提升了笋农经济效益，提高了芦笋产业的科技水平，改善了农业种植结构，促进了芦笋产业的健康发展，取得显著的经济、社会和生态效益。

（3）福建省医学科学研究院

采用分子生物学与药物化学相结合的技术，开展福建道地药材及濒危品种资源分布与遗传多态性、中药材优质品种栽培采收与加工、道地中药材化学品质控制等研究，相继参与了国家中药现代化科技产业（福建）基地建设项目、福建中药材 GAP 技术平台及示范基地建设项目等，并以福建省中药资源开发与利用重点研究室为依托，为我省中药材 GAP 规范化种植生产提供有力的技术支撑。

（4）福建省农业科学院农业质量标准与检测技术研究所，福建省农业科学院农业生态研究所

应用水产动物育种学、养殖学等理论与技术方法，系统研究澳洲龙纹斑人工繁、育、养及疾病防控等技术，通过 8 年科企联合攻关，突破关键技术并实施集成推广。项目主要技术内容与进展成效简介如下。

一是首次在福建省实现澳洲龙纹斑鱼苗人工繁育。自主培育亲鱼种群 2 280 尾；指导企业培育亲鱼种群 16 500 尾；创新研发了专用产卵器收集受精卵，应用低温适度刺激与水环境优化调控技术，使平均受精率提高至 73%，年获得澳洲龙纹斑受精卵 260 万枚以上；采用专用孵化器调控水体环境，创建

并完善了孵化技术体系，平均孵化率达91.5%；研发了开口饵料及转料方法，苗种平均存活率达77%，年成功培育种苗150万尾，为淡水渔业的优化转型升级提供了新品种支撑。

二是自主研发了澳洲龙纹斑产业化健康养殖设备。研制了大功率鱼池供氧系统、曝气养殖系统等系列设备，并重点突破配套链接的关键技术，优化改造传统的设施设备，创建了一套高效节能的健康养殖专用设施系统。先后在福建大润优农业科技有限公司等8家企业进行集成推广应用，节约成本30%以上，平均年增收节支2 153万元。

三是率先研发了澳洲龙纹斑专用的人工配合饲料。深入开展鱼体营养分析及生物特性研究，明确了不同生长阶段的营养需求规律；创建了非线性生长数学模型，确定了不同阶段体重和体长的生长参数；研发了澳洲龙纹斑稚鱼膨化颗粒配合饲料、鱼苗慢沉性硬颗粒饲料和亲鱼软颗粒饲料，研定了稚鱼、幼鱼和中成鱼饲料配方及企业生产标准，饲料系数低于1.47，为澳洲龙纹斑产业化开发提供高效优质饲料生产的技术依据。

四是率先创立了养殖澳洲龙纹斑的疾病防控体系。在国内外首次发现澳洲龙纹斑盾纤毛虫病并研创了便捷诊疗的有效方法；研发了高效治疗小瓜虫病方法，使澳洲龙纹斑小瓜虫病的治愈率从30%提高到93.3%；通过多年的系统研究，创立了澳洲龙纹斑健康养殖的疾病防控技术体系，为新兴淡水渔业产业化开发提供养殖安全保障。

五是创立了澳洲龙纹斑繁育养技术集成开发体系。建成了2个澳洲龙纹斑繁养示范基地与1个现代渔业产业园（清流县），指导企业建成国内最大的种苗繁育中心，已繁育种苗452万尾，养成商品鱼265t。2016年，澳洲龙纹斑养殖产业已被福建省政府列入精准扶贫项目与战略性新兴产业重点产品，通过3年集成推广，累计获得2.46亿元的社会经济效益，增收节支6 461万元，成效十分显著。

（5）福建省农业科学院畜牧兽医研究所

黑番鸭良种选育与配套关键技术的研究系统开展了黑番鸭种质特性、新品系选育、低蛋白日粮研究、设施养殖模式以及重要性状分子标记5个方面研究，全面了解地方黑番鸭种质特性，成功培育出2个特色且性能优秀的黑番鸭新品系，确立了日粮低蛋白水平和家系网上旱养新模式，筛选出2个与就巢显著相关的 SNP 标记，阐明 MC1R 和 TYR 基因与羽色相关性，为品种资源保护和合理利用提供依据，有效提升良种市场竞争力。主要技术指标和创新进展如下。

一是系统开展了福建地方黑番鸭种质特性研究，建立了种质资源信息数据库，并发明了一种鉴定番鸭、家鸭和半番鸭的 DNA 标记方法，为黑番鸭种质资源保护和创新利用提供科学依据。

二是揭示了地方和选育系黑番鸭早期生长发育规律，阐明地方黑番鸭公、母生长拐点周龄分别为 5.3 周和 4.3 周，选育系黑番鸭公、母生长拐点周龄分别为 5.4 周和 4.2 周，为黑番鸭生产提供了可靠的技术参数，有利于黑番鸭生产潜能的发挥。

三是创建了黑番鸭新品系选育技术路线，成功培育出 2 个特色且生产性能优秀的黑番鸭新品系，其中高产系具有体型中等、黑羽率高、产蛋性能好且群体均匀等特点，大型新品系具有体形大、黑羽率高、群体均匀且后代生长速度快等特点，有效将资源优势转化为产业优势，提升良种。

四是率先开展了黑番鸭就巢和羽色性状分子标记研究，首次分离出黑番鸭 VIPR—1 基因序列，揭示了该基因参与就巢行为控制，筛选到 2 个与就巢显著相关的 SNP 标记；阐明 MC1R 和 TYR 基因与羽色具有一定相关性，为性状改良提供一种便捷的辅助手段。

五是探索了黑番鸭低蛋白日粮和设施养殖新模式，确定了 14% 粗蛋白水平与家系网上旱养模式适于黑番鸭规模化健康饲养，并制定了黑番鸭家系网上旱养规程，有效减少环境污染和疫病发生，为黑番鸭产业生存和可持续发展提供有力支撑。

（6）福建省农业科学院农业生物资源研究所

麦冬种质资源评价与短葶山麦冬规范化种植技术的研究应用。围绕麦冬种质资源收集评价、挖掘利用、规范化种植技术研究应用等方面开展了攻关，主要进展成果如下。

一是广泛收集保存与评价麦冬种质资源，注册基因序列，从源头保护我国麦冬资源产权，为其研究利用提供资源保障。调查收集保存四川、浙江、湖北和福建等 5 省 3 种基原 56 份种质资源，鉴定并繁殖 3 741 株系建立数据库和资源圃，累计向外提供 152 份次。构建麦冬资源 DNA 指纹图谱库，明确遗传多样性并注册6个基因序列。建立了麦冬种质资源评价体系，完成产量、质量和评价，筛选获得25份目的资源。

二是创新挖掘利用短葶山麦冬资源，提升了我国麦冬研究水平。完成短葶山麦冬农艺性状、多糖含量评价，明确良种筛选应综合考量的5个主要因素，筛选出114份优良株系。创建多指标评价多重选择筛选优良品种的技术体系，获得16个优良品系，为新品种审认定奠定物质基础，突破了源头无良种的瓶颈。建立短葶山麦冬细胞悬浮培养与保持技术体系达国际先进水平；明确愈伤组织多糖含量的动态积累规律，建立了增殖倍数达3.3的茎尖快繁技术，快繁53号优良品系1.2万株，产量和多糖含量稳定遗传，已成为麦冬良种规模化推广的快繁技术。

三是建立了短葶山麦冬规范化种植体系并推广应用。独创短葶山麦冬种苗分株关键技术并制定其种苗质量标准，破解源头无标准的质量瓶颈。确定短葶山麦冬适宜种植时间与密度；构建资源化利用有机肥减施无机肥技术，减少施肥量21.85%、提高产量26.38%；明确病虫害种类并建立防控技术。综合研究产量与化学成分积累动态，确定了适宜采收期。制定了福建省地方标准"短葶山麦冬栽培技术规范"申请专家评审。为企业制定种苗质量标准1项，种苗生产、移栽、种植管理和采收等技术操作规程（SOP）10项，良种生产管理制度等10项，为2011年短葶山麦冬生产质量管理规范（GAP）国家SFDA认证提供了技术支撑和认证材料。

（7）福建省农业科学院生物技术研究所，福建省农业科学院果树研究所，福建省农业科学院亚热带农业研究所

杨桃良种选育及其关键栽培技术研究与应用针对福建省杨桃生产上存在果小、味酸、病虫害较为严重、栽培技术落后等突出问题，深入开展联合攻关，经共同努力，取得的创新性进展如下。

一是建立国内首个杨桃品种资源圃，选育出福建省杨桃当家品种2个，解决了生产上存在的果小、味酸与品种单一等突出问题。率先在国内建立了杨桃种质资源圃，从马来西亚、泰国和中国台湾地区（以下简称台湾）引进不同类型的杨桃优异资源12份，收集国内杨桃资源6份。通过反复比较与优系评价，选育出适于福建省种植的杨桃当家品种2个（'台农2号''马来西亚8号'），其表现出果大（280~300g），可溶性固形物含量高（9.3%~9.5%），有机酸含

量低（0.16%~0.18%），肉质细致，纤维少，鲜食风味佳等优异特点，取代了原有果小、味酸土家品种，成为福建省生产上杨桃当家品种，2个新品种的覆盖率达到70%以上。

二是率先研究制定了福建省杨桃种植区划，研发了早结丰产、整形修剪、主要虫害防治等杨桃配套关键栽培技术，提升了杨桃栽培管理技术水平。针对福建省地理气候特点，结合杨桃品种生物学特征特性以及栽培适应性、抗逆性评价，率先开展了福建省杨桃种植区划研究，提出发展对策与技术要点。同时研发了早结丰产栽培技术，实现当年种植当年投产，平均株产达 6.39 kg；根据杨桃树体生长特点，提出了"春放、夏剪、秋疏"的整形修剪技术；针对桔小实蝇易发、多发的防治难题，通过红色荧光素，开放式引诱雌虫和雄虫，在种群间相互传播式诱杀桔小实蝇，成功地解决了杨桃最主要的害虫桔小实蝇为害问题，防治率达到90%以上。

三是系统研究并明确了福建省杨桃主要病害为叶斑病和果实炭疽病，提出了这两种病原菌早期诊断的分子鉴定方法，研发了有效防控技术，以确保杨桃的产量与品质。根据福建省杨桃主产区的病害跟踪调查，通过病菌分离培养、形态学与分子生物学 rDNA—ITS 区鉴定，率先发现了福建省杨桃主要叶部病害叶斑病的病原菌为拟茎点霉（Phomopsis sp.），GenBank 登录号为（HM146133）；探明了果实主要病害炭疽病的病原菌为胶孢炭疽菌（Colletotrichum gloeosporioides），GenBank 登录号为（HM146134）并制定了相应的有效防治技术，为杨桃良种高优栽培提供了技术保障。

（8）福建省农业科学院水稻研究所

以水稻品种的优质、高产为选育目标，在谢华安院士的带领下，长粒优质泰优系列杂交水稻品种选育与应用项目培育出 7 个品种，其中，6 个已通过福建省审定并在生产上推广应用，适用于种子企业开发和粮食生产领域。项目主要科研内容与进展如下。

一是应用谢华安院士提出的杂交水稻"四性"综合的育种策略，创造性地建立空间诱变、籼粳杂种优势利用、不同生态条件胁迫选择等高效育种技术体系，并与耐高温鉴定、抗瘟性鉴定、适应性鉴定、早期稻米品质检测等多种技术相融合，成功培育出新恢复系及品种。

二是为解决生产上大面积应用的不育系（如 II—32A、龙特甫 A 等）米质较差的问题，在众多不育系中挖掘出泰丰A，针对该不育系的优、缺点，选择与之性状互补的强优恢复系配组，经配合力、适应性、抗逆性、稻米品质等多方面同步测定，筛选和培育出7个适宜福建省种植的早、中（感光）、晚稻泰优系列品种。

三是开展泰优系列品种亲本的特征特性观察，研究高产栽培技术及制种技术。与种业、米业紧密合作，积极开展试验示范和推广应用。率先建立了"优质稻品种研发+种业+米业+超市、电商"全产业链融合发展模式，其中，'泰丰优656'是我省第一个被米业公司直接用品种名称作为大米商品名在连锁超市和电商上销售的优质米品种。

（9）福建省农业科学院水稻研究所

黄秋葵种质资源挖掘与创新利用项目组开展了黄秋葵种质资源收集与评价、育种与栽培、营养成分测定与加工等研究，取得了良好进展与成效，具体如下：

①建成了全国最大的种质资源库，出版了专著1部《黄秋葵种质资源描述规范和数据标准》，为黄秋葵种质资源性状数据系统性、科学性和可靠性描述奠定了基础。收集保存国内外黄秋葵种质资源318份，居国内首位；获得植物学性状、农艺性状、品质性状等37 524个鉴定数据，采集图像1 908幅，并录入农业部种质资源信息平台，实现资源共享259份；

②鉴定筛选出核心种质和创制新种质，育成杂交一代新品种：通过黄秋葵核心性状挖掘，筛选出核心种质30份，创制优异种质15份；创新了黄秋葵杂交育种技术，育成了'闽秋葵1号'和'闽秋葵2号'两个杂交种，编著出版《黄秋葵栽培育种与保鲜加工》，为黄秋葵种植企业、合作社及相关研究人员提供理论和实践指导。

③深入研究并优化构建高效施肥与合理减药新型栽培技术体系：研究了施肥方式（鸡粪菌渣堆肥、NPK复合肥以及鸡粪菌渣堆肥+NPK复合肥）对黄秋葵营养生长和产量的影响，优化了我国东南地区PMWC（鸡粪菌渣堆肥）合理施肥量（240g/kg）；发明了黄秋葵根结线虫等土传病害减药设施栽培技术和连作高产高效栽培技术。

④国内率先完成了紫色黄秋葵转录组测序，明确了黄秋葵植物学特征间、生物学特性间的相关性及其嫩果荚多糖累积规律。通过黄秋葵转录组测序，获

取了花青素、多糖及黄酮等重要基因信息，通过特征特性研究明确了茎色、茎表面、叶色、果色呈同一对应关系，种子产量与叶柄长度、果数、叶片长度、叶片宽度、开花天数达极显著正相关；通过营养成分分析，明确了黄秋葵果荚中多糖含量在花后第8天达到峰值。

⑤国内率先发明了黄秋葵茶加工工艺，研制出黄秋葵茶、复合颗粒、泡菜等系列产品。利用黄秋葵的营养保健功效，发明了黄秋葵茶加工工艺；研制了黄秋葵茶、复合颗粒、泡菜等系列特色加工产品，实现了成果转化，提高了黄秋葵利用附加值，为黄秋葵产业的发展提供有效的技术支撑。

（10）福建省农业科学院作物研究所

优质紫肉甘薯新品种选育与应用研究的主要技术内容与进展如下

一是在国内首次提出并完善优质紫肉甘薯育种技术体系：提出了以产量、品质、花青素含量、抗病性等为主要指标的育种目标；提出了以薯肉色、干物率、鲜薯食味品质、花青素含量等主要性状及其遗传力的亲本鉴定指标。同时，提出了适合紫肉甘薯选育特点的技术路线。

二是育成了第一个通过福建省审定的紫肉甘薯品种'福薯9号'，该品种在产量、食味品质、抗病性等综合性状超越同时期福建省从美国引入的紫薯主栽品种'夏引1号'；育成了福建省第一个通过国家鉴定的紫肉甘薯品种'福薯24号'，该品种在品质、产量等方面在国家甘薯区试特用组中排名第一，高抗蔓割病；构建了'夏引1号''日清1号''山川紫'等为紫肉甘薯育种的核心亲本，创制了紫肉甘薯优异亲本材料'福薯13号'；以'福薯13'为亲本选育出'福薯317'和'福宁紫3号''福薯317'花青素含量每百克高达102.3 mg，是福建省历年来参加区试的紫色甘薯品种（包括通过或未通过审定）中花青素含量最高的品种；'福宁紫3号'同时通过福建省审定和国家鉴定。

三是建立了鲜食型紫肉色配套高产栽培技术，针对鲜食型紫肉色甘薯的生物学特性，围绕培育健康壮苗、病害鉴定、病毒检测、合理密植、病虫防控等关键技术开展研究，形成了我省紫肉色甘薯较为完整、具有较强创新性的紫肉色高产栽培技术体系。

四是促进了福建省紫肉色甘薯品种区试的开展及审定标准的建立，带动了各科研院所的参与研究，推进了福建省紫肉色甘薯研究在我国的先进水平。

(11) 福建省农业科学院果树研究所

针对福建省猕猴桃产业发展存在的问题开展相关研究，取得了以下进展与成果。

1) 猕猴桃种质资源收集保存与资源圃建设技术规程制定

项目组对福建省地方特色猕猴桃野生种质和优良株系进行调查和收集，建立了富有福建特色的猕猴桃种质资源圃，同时保存了我国猕猴桃主产区贵州、陕西、湖北和河南等地的重要猕猴桃品种，资源圃拥有资源102份（其中福建省地方特色种质资源20份），并对部分种质资源进行鉴定；建立和优化了猕猴桃种质资源离体保存体系，对猕猴桃核心种质进行备份保存；制定了福建省猕猴桃种质资源圃建设技术规程。

2) 猕猴桃新品种选育与主要生物学特性评价

开展猕猴桃在福建省引种适应性观察和关键栽培技术研究，从国内外引进26个猕猴桃品种，对其物候期、生长结果习性、果实经济性状、抗逆性和耐贮性等主要性状进行评价，筛选出'金艳''金魁''徐香''东红''黄金果'5个在适合福建省气候条件的优良品种。经区域试验，引进的金艳和金魁猕猴桃通过福建省林木良种审定。基于福建省山地资源丰富的自然条件，进行山区猕猴桃生态果园建设及其关键技术研究，因地制宜推广山区生态果园栽培技术，具体如下。

一是采用空间利用率高、采光性好且适宜山区地形的V形栽培架提高猕猴桃产量。

二是充分利用猕猴桃树干纵向深裂纹结构和茂盛枝叶通过仿生栽培套种经济效益高且耐阴的铁皮石斛，提高猕猴桃果园棚架下空间利用效率和栽培效益。

三是采用T形套种盆栽果树架利用传统猕猴桃果园的畦间土地套种高经济效益的观赏盆栽并全园覆盖，提高猕猴桃果园地表空间利用效率。

四是推广生态果园建园后只栽培砧木，翌年高位嫁接优良品种的栽培模式，降低猕猴桃果园前期管理成本，提高猕猴桃栽培成活率和丰产性。

五是接穗芽朝下促进猕猴桃树形矮化的盆栽倒接方法。

六是开发可同时嫁接多个品种和雄株，兼具观赏和食用的猕猴桃盆栽方法，总结了一套猕猴桃盆栽技术；制定了猕猴桃脱毒苗木繁育规程和猕猴桃生产技术规程。

3）猕猴桃采后若干特性与软化机制阐释

一是测定猕猴桃采后贮藏和软化过程中果实硬度、可溶性固形物、维生素C 和糖酸等果实品质风味指标。

二是开展猕猴桃软化相关 mRNA、miRNA、lncRNA 和 circRNA 组学研究，挖掘果实软化重要相关基因，阐释猕猴桃果实软化机制，为果实采后的品质保障与贮存条件调控提供了科学依据。

4）猕猴桃产业化集成开发与科技推广机制创新

一是开发富含多糖、多酚和氨基酸等保健成分的猕猴桃叶茶新工艺，延伸猕猴桃产业链。

二是结合福建省气候环境条件和猕猴桃发展现状，在猕猴桃脱毒苗木繁育、品质与分子生物学研究、高产优质品种选育与研究、盆栽和叶茶研究与利用以及专业技术人才培训等方面进行科技推广机制创新。

（12）福建省农业科学院水稻研究所

在国家转基因生物新品种培育科技重大专项、国家自然科学基金和福建省自然科学基金等项目的持续支持下，围绕稻谷储藏过程中调控脂类代谢的关键酶脂肪氧化酶3（LOX3）及其自身修复蛋白 PIMT 与种子耐储性间的关系等重要科学问题开展深入系统研究，取得了如下进展与成果：

一是建立了1套水稻耐储藏无标记基因的高效转基因技术体系，结合反义基因表达技术，创制了耐储藏的转基因水稻新品系60份，H58、H61、H63、H91 和 H105 5 份转基因杂交稻恢复系已组配优良杂交稻组合42个，其中，泸香 618A/H91 和深 08S/H105 经高温高湿（42℃，RH88%）老化处理30天后，发芽率仍高达65%（比对照增加30%）。

二是探索了 LOX3 和 PIMT 基因的表达水平、酶活性与种子发芽率、耐储藏特性的关系，初步揭示了水稻种子耐储藏性的分子机理，对指导耐储藏材料筛选和应用研究具有重要的指导意义。

三是结合人工老化筛选鉴定技术，选育了综合农艺性状优良的耐储藏材料"福恢 7185"恢复系和"福香占"常规稻，并利用福恢 7185 配制了2个组合参加福建省晚稻区试和广西区早造区试，为耐储藏品种的推广应用奠定了基础。

(13) 福建海洋研究所

1) DNA 条形码在鱼卵仔稚鱼鉴定中的应用项目

一是厦门海域鱼类浮游生物多样性调查：①样品的采集及形态鉴定，对厦门湾进行总共 12 个航次，采集鱼卵和仔鱼样品 139 个，在室内对取得的鱼卵和仔鱼样品进行了拍照和形态描述。②环境要素：取得了采集样品站位的水温、盐度、pH、溶解氧等环境因子。

二是鱼类浮游生物 DNA 条形码标准基因的筛选。对采集的鱼卵仔鱼样品提取基因组 DNA，利用通用引物或特异性引物扩增目标基因，测序，假基因判定，目标基因确定；DNA 条形码的筛选。

三是基于 DNA 条形码确定厦门海域鱼类浮游生物种类。基于 DNA 条形码标准基因，与国际基因数据库比对的研究，确定了几种鱼卵仔鱼的种类。

2) 波纹巴非蛤稚贝中间培育及池塘养殖研究项目

生物室顺利取得巴非蛤人工育苗的成功，继续波纹巴非蛤养成的相关研究，2017 年完成厦门市科技计划项目《波纹巴非蛤稚贝中间培育及池塘养殖研究》，通过结题验收，稚贝池塘培育的成功解决贝类从浮游生活方式变态为底栖生活方式的难点。项目组共培育出波纹巴非蛤稚贝 5 891 万粒，平均壳长 1.78cm(最小壳长 1.1cm，最大壳长 2.7cm)，并试验性地进行普通海水池塘养殖，共放养自繁波纹巴非蛤稚贝，历经 7 个月左右，共收获养殖波纹巴非蛤 7 254.2kg，规格如下：平均壳长为 4.07cm，最小壳长为 3.7cm，最大壳长为 4.4cm；平均体重为 8.17g，最小体重为 6.1g，最大体重为 10.7g。通过本研究，证明利用人工繁育的波纹巴非蛤苗种在池塘生产性养殖的可行性，值得进行生产性推广。

(14) 福建省水产研究所

1) 国家现代农业产业技术体系"国家贝类产业技术体系福建综合试验站"

2017 年与青岛前沿种业公司合作培育'金蛎 1 号'福建牡蛎杂交三倍体单体苗 100 万粒和附壳苗 3.2 万片，并移至深沪湾核心示范区开展网笼、网袋等方式的养殖示范，建立牡蛎单体养殖技术与模式。此外还在围头湾、大港湾及南日岛海区开展了'金蛎 1 号'福建牡蛎杂交三倍体养殖示范。在合作单位福清中海东壁岛投资实业有限公司开展了菲律宾蛤仔垦区人工育苗技术开发，预计 12 月底进行现场验收。9 月 21 日，协助莆田市水产技术推广站举办莆田贝类健康养殖技术与食品安全培训班,并做了"福建牡蛎养殖生产与管理"的报告,当地从事贝类养殖大户及水产技术推广人员共 50 人参加培训。

2)厦门市海洋经济发展专项资金项目"海带适用性新种质定向培育关键技术研究与示范"

完成海带新品系'连优 1 号'第四代苗种在连江定海湾和晋江围头湾的中试养殖、量产及现场验收,达到项目合同的验收指标。联合合作企业——福建省连江县官坞海产开发有限公司和霞浦县福连海水产育苗场,规模化繁育第五代海带新品系优质苗种 2.8 万多苗帘,预计 11 月中旬完成现场验收。构建国家水产新品种'申福 2 号'坛紫菜的规模化制种技术体系,推广养殖 2 万多亩。完善了福建省水产研究所藻类种质的保存和扩繁技术体系,补充了海带和坛紫菜种质资源 50 多份。证明坛紫菜单性生殖过程的染色体自然加倍行为,丰富了坛紫菜单性育种技术理论基础,相关成果已经投稿至国际主流藻类学杂志 Journal of Applied Phycology。

3)福建省"五新"工程项目"凡纳滨对虾健康种虾生态培育系统建设与应用示范"

培育种虾约 10 万对,已培育销售虾苗约 50 亿尾,年底前可组织阶段验收。已完成种虾培育系统建设并投产。该系统投资 200 万元,占地 1 000 m^2,约 1 000 m^3 水体。

国家海洋局海洋经济创新发展区域示范项目"闽台重要海洋生物资源高值化开发技术公共服务平台":至 2017 年已建成闽台重要海洋经济生物种质资源库、海洋生物精深加工产业化开发技术工程中心、产品综合评价及标准化研究中心、科研成果展示及信息服务中心,共完成建设总面积 11 840 m^2,已于 2017 年 6 月完成现场验收,于 2017 年年底完成项目总验收。

5.6.1.2 农业新技术研发方面

(1)福建省农业机械化研究所

围绕种植业、养殖业和加工业,从工程技术的角度开展科学研究和人才培养,开展山地丘陵农机、农产品初加工工艺及装备、养殖装备及农业废弃物资源化利用、设施农业等相关战略性、前瞻性的现代农业装备技术和行业共性技术的研究,积极利用农业工程集成创新的优势,围绕福建省的区域性特点和产业化目标,开展农机与农艺、资源与环境、加工与储运、产品与市场结合的集成研究和科技创新，提升福建省山地现代农业装备技术的创新能力，促进海峡西岸现代农业发展。

（2）福建省农业科学院畜牧兽医研究所

鸭传染性浆膜炎病原学及诊防技术研究与应用获得福建省科学技术奖一等奖。

一是创建了鸭传染性浆膜炎二价疫苗研发技术体系，创制了二价疫苗，获国家新兽药注册，转让实现了产业化，为中华人民共和国成立以来福建省获得的第二个具有自主知识产权、单个转让额度最大的兽用疫苗。

二是研究制定了检验检疫行业标准《鸭疫里默氏菌病检疫技术规范》（SN/T 4556—2016），并颁布实施。建立了准确、简便、实用、可视化的快速鉴别诊断鸭传染性浆膜炎环介导等温扩增技术；建立了快速鉴别诊断鸭传染性浆膜炎的环介导等温扩增技术，该技术特异性强；操作简便，不需昂贵仪器；快速，1.5 h 即出结果，比传统的细菌分离鉴定方法缩短 3~4 天、比 PCR 快 2 倍以上；结果可视化，阳性呈深绿色，易于判定；实用性强，适于基层使用。

三是明确了 RA 优势血清型为 1 型、2 型和 11 型，创建了 RA 精准分型方法，探索发现了有较高交叉免疫保护的 1 型和 2 型 RA 菌株及裂解 RA 的噬菌体。

获国家新兽药注册证书 1 项、制定部颁行业标准 1 项、获发明专利 1 项，发表论文 34 篇，出版著作 3 部。经同行专家评审认为"该项成果整体居同类研究国际先进水平，其中快速诊断该病的环介导等温扩增技术和裂解 RA 噬菌体的发现及其防治研究等居国际领先水平。" 2015—2017 年，新增销售额 4.79 亿元、新增利润 1.02 亿元。1996 年以来转让疫苗在我国 23 个省（市、区）应用（约占我国防控该病用疫苗市场的 62%）、诊断服务、敏感药物和标准应用，新增产值 23.3 亿元、新增利税 1.99 亿元、出口创汇 705 万元，经济、社会和生态效益显著。

（3）福建省农业科学院农业生物资源研究所

异位发酵床养殖粪污微生物治理工程化技术的研究与应用获得福建省科学技术奖二等奖。该项目针对养殖污染治理和副产物资源化利用需求，从工程化技术体系构建、菌剂研发、粪污降解机理、副产物资源化利用等方面开展研究，主要研究进展与成果如下。

一是创新设计了养殖粪污微生物治理异位发酵床处理系统及装备。首创模块化设计异位发酵床系统，制订了标准施工方案，建立了异位发酵床设计建造经济学模型；研发了系统技术与装备，大幅提高粪污处理效率，消除臭味，减少建设投资25%，降低运行费用50%；具有智能化程度高、能耗低、运行成本低、适应性广等特点，实现养殖粪污零排放处理，被政府部门、养殖企业广泛推荐、采纳、应用。

二是研发了使用于异位发酵床的专用菌剂。建立了粪污降解微生物资源库；提出了发酵床菌种"适应高温、缺氮生长、缺碳生长"筛选标准；筛选出一批具有自主知识产权适应于不同垫料的粪污降解菌株等；系统研究了菌株生物学特性；优化了菌剂发酵条件和生产工艺，创制出异位发酵床专用粪污降解菌剂系列产品；提升了粪污降解效果。

三是探索了异位发酵床粪污降解机理和除臭机制。首次利用宏基因组技术，研究了不同条件下垫料微生物组的变化特性及其与粪污降解的相关性；分析了粪污发酵过程微生物群落演替，明确了各阶段标志性功能微生物；分析了粪污降解过程中物质组分和粪臭素的变化，揭示了发酵床物质组分变化规律和粪污降解除臭机制，为异位发酵床粪污发酵调控提供了科学依据。

四是制定了异位发酵床的建设与管理技术标准。建立了基于理化性质、挥发性物质、盐梯度悬浮率、色差等参数的发酵床垫料发酵程度判别模型，研发了垫料腐熟程度检测方法和快速判别技术。编制了异位发酵床的建设和管理技术规范，制定了福建省地方标准《畜禽粪污异位微生物发酵床处理技术规范》。

五是开展了发酵床副产物资源化利用研究和推广应用。首次提出整合微生物组菌剂的概念，以异位发酵床为生产装备，建立了菌剂生产规程、质量标准、检测方法，生产出整合微生物组菌剂连作障碍修复产品，应用于菊花、番茄、瓜类连作障碍修复，取得了理想的防效。以腐熟垫料为原料，优化了哈茨木霉、地衣芽孢杆菌、淡紫拟青霉等功能性微生物固体发酵的培养基配方和发酵条件，设计了生物基质自动生产线，研制出4大类17个功能性生物基质（肥料）产品，在基质育苗、基质栽培、土壤修复、土壤培肥、连作障碍解除等方面大面积应用，取得了良好的应用效果。

（4）福建省农业科学院农业生态研究所，福建省农业科学院食用菌研究所，福建省农业科学院土壤肥料研究所

农业废弃物多级循环利用技术集成创新与示范项目属循环农业领域。在国

家科技支撑计划等课题支持下，针对我国农业废弃物资源量大而食用菌利用转化效率低等问题，集成创新并构建了以食用菌高效开发为纽带的农业废弃物多级循环利用的技术体系，其主要科技创新进展如下。

一是系统评估了发展食用菌产业对消纳利用农业废弃物以及减少温室气体排放的生态环境效应。率先从理论上揭示了发展食用菌产业与降低农田环境中碳排放和减轻温室效应的互作规律，构建了腐屑生态体系与经济产业链耦合的多级循环框架，为农业废弃物多级循环与高效利用提供科学依据。

二是优化创立了高效微生物助推剂—草生菌培养料的发酵改进技术—配套小型机械的集成技术。筛选出高效纤维素降解菌并构建复合菌1组，提高培养料发酵料温4~5℃；研制出小型隧道式摆头进料机1套，节约人工成本17%；优化了培养料碳氮比和铺料厚度，实现了培养料发酵和双孢蘑菇栽培温室气体减排11.2%以上；建立了姬松茸培养料新型堆积法，减少杂菌91.6%以上，提高姬松茸产量30.1%~53.9%，该技术获中国专利优秀奖。

三是率先集成研发了杏鲍菇菌渣代料栽培草生食用菌的工艺与技术并建立工厂化高效生产模式。创立了杏鲍菇菌渣隧道式3次发酵工艺，提高培养料腐熟度15%；筛选适合杏鲍菇菌渣栽培的蘑菇品种1个和适宜配方2个，提出了相应的工厂化栽培控制工艺，蘑菇产量提高20%以上；系统研究了杏鲍菇菌渣栽培草菇、秀珍菇、姬松茸等技术并制定技术标准2项。

四是突破了菌渣做造粒黏结剂和农业废弃物制肥（炭）技术并开发产业化利用的系列新产品。开发新型有机肥等产品11个，筛选出菌渣炭化工艺2套，提出了低养分双孢蘑菇渣做肥料造粒黏结剂的专利技术1项，以菌渣做黏结剂的有机复混肥前15天氮素释放率比高岭土黏结剂降低了80.5%；并定位监测评价菌渣（肥）的作物增产提质、土壤培肥与固碳效应。

五是集成构建了农业废弃物栽培食用菌与菌渣高效利用的农（林/果）—菌—肥多级循环生产新体系。筛选出适宜的食用菌品种5个，设计应用菌菜设施栽培装置2套，提出简易大棚芋头—竹荪田间栽培、柑橘竹荪间作+稻草覆盖、"半开式"林下灵芝遮阳栽培等增产与温室气体减排的调控技术3套，并基于生命周期和能值分析等方法进行多级循环模式的综合效益评价。

（5）福建省农业科学院植物保护研究所

基于大数据和物联网的智慧农业关键技术研发与应用项目针对智慧农业中

信息服务、精准管理、决策支持、溯源体系 4 个核心应用方向的技术难点，组织产学研联合攻关，系统地开展技术创新与产品创制，突破了一批关键技术，研发了系列软件与装备，推动信息技术在农业产业中深度融合与集成应用，为福建智慧农业发展提供技术支撑。部分成果获得央视《焦点访谈》栏目报道及福建省人民政府网站推荐。主要进展与成效如下。

一是创立了农业数据融合标准与共享技术体系，规范了智慧农业服务数据资源。率先提出面向对象的农业信息"双树形结构"实体关系模型，建立了基于本体的数据资源分类编目、编码体系及描述规范；搭建了基于 SOA 架构的云服务平台，封装了系列云服务组件，发布了多源异构数据融合访问 API；研发了分布式数据协同建设软件，整合了福建异源异构的农业科技数据资源，建成涵盖福建主要农业产业的 142 个主题农业知识库。

二是研发了一批智慧农业关键技术，支撑了智慧农业发展应用需求。在数据规范与共享架构下，开展应用技术研发。绘制了涵盖 2 067 类 2.59 万个本体实例的农业知识图谱，开发了基于知识图谱技术的检索引擎；研发了基于语义网络与规则的移动专家系统自助构建平台；构建了农业物联网云服务平台，研制 52 个型号的数据采集、传输及智能控制物联网设备；开发了基于规程控制的基地安全生产管理与溯源系统；研发了"慧农信"等 15 个信息服务应用软件。

三是构建智慧农业产业链云服务集成应用模式，促进了特色农业转型升级。在关键技术研发的基础上，集成研发了智慧农业产业链信息服务平台，创新构建了一套数据标准共享体系、4 个典型应用、1 个集成平台的（1+4+1）智慧农业集成应用架构，应用于蔬菜、茶叶、食用菌等产业，改变了智慧农业应用集成度低的现状，取得显著成效。

项目组建立的福建省"12396"农业综合服务平台、智慧农业产业链云服务平台，在全省分区域、分产业推广应用。项目示范应用期间，通过网络、手机咨询、自主学习累计咨询服务与培训达 245.2 万人次，节省技术服务与培训成本 1.22 亿元；项目完成单位通过研发农业物联网产品销售新增产值 2 740 万，重点示范企业累计新增产值 7 840 万元，社会经济效益显著。

（6）福建省农业科学院植物保护研究所

以制约我国香蕉安全生产的重要检疫性香蕉枯萎病为对象，针对土传病害防治困难、应用化防对环境与农产品严重污染的突出问题，系统研究了香蕉枯萎病发生与绿色防控的关键技术，集成、创新构建了香蕉枯萎病绿色防控技术体系与应用。

一是利用田间鉴定与室内 PCR 检测技术，查明了香蕉枯萎病疫情在漳州芗城区、南靖、漳浦等地的分布与为害情况；从种苗带菌来源、病株处理、品种感病性和病菌致病特点等方面揭示了香蕉枯萎病发生规律；完善了蕉苗、土壤带菌检测和早期病害诊断的方法。

二是率先采用病菌毒素抗性选择和内生生防菌诱导相结合的香蕉抗枯萎病品种选育技术，选育出抗病品种'闽蕉6号'（详见查新报告、下同）；采用室内与田间抗病性鉴定方法，从36份香蕉品种资源中筛选出适合在福建栽培的'抗枯5号''抗枯1号''粉杂1号''天宝角蕉''贡蕉''柴蕉'6个抗（耐）病品种，其中'抗枯5号''粉杂1号'2个引种获得福建省认定品种。

三是创建苗期土壤微量咪鲜胺药剂和热力处理与施用内生枯草芽孢杆菌制剂调控相结合的香蕉健康无病苗培育技术，制定了培育无病健康苗的生产技术流程。通过生防菌的调控的健康保护与无病苗 PCR 检测，培育并生产了健康无病苗，对控制了香蕉苗期的发病与传播发挥重要作用。

四是筛选出芽孢杆菌 T122F、哈次木霉菌 T05—49、链霉菌 S15 等生防菌；研制的芽孢杆菌生物有机肥、芽孢杆菌微生物菌剂、淡紫拟青霉微生物菌剂3个环保型产品获得国家微生物菌肥登记，并首次在香蕉防病上的应用取得成功。

五是利用微量杀菌剂和除草剂组合药物及专用自动注射器对田间病株进行注射，首创了香蕉枯萎病病株的原位无扩散销毁技术。

六是集成、创新构建了"抗病品种、健康无病苗、微生物菌剂、生物菌肥、病株原位无扩散销毁"的绿色防控技术体系，有效控制香蕉枯萎病为害，总体平均防治效果达90%以上。

（7）福建省农业科学院土壤肥料研究所

针对福建冷浸田存在水分状态不良而严重影响丰产高效问题，以"阐明土壤与生境障碍特征—揭示脱潜冷浸田肥力演变规律—突破地力提升与改良关键技术—集成综合治理与高效利用模式"为研究主线，系统研究，构建了冷浸田综合治理与高效利用技术体系，大幅度提升了冷浸田地力、产量与综合效益水平。该成果主要创新与进展如下。

一是系统分析并阐明了冷浸田土壤质量特征与低产机理。探明了福建冷浸田"四高四低"的土壤肥力特征，揭示了山垄冷浸田地下水位高并伴随强还原性、低光合有效辐射与水稻生育后期地温下降较快是其重要的生境障碍特征；率先建立了涵盖理化、生化特性的，由 C/N、微生物量氮、还原性物质总量等 6 个因子组成的冷浸田质量评价最小数据集，从诊断层与诊断特性、地形部位等方面提出了冷浸田类型划分标准，为冷浸田土壤质量与改良效果评价提供了依据。

二是揭示了冷浸田长期排渍脱潜土壤肥力演变规律与机制。基于已改造 30 年的冷浸田深窄沟排渍原位观测平台，发现脱潜程度与土壤速效养分、细菌种群丰富度呈正相关；土壤总还原物质含量导致细菌和真菌群落结构发生显著变化；脱潜可显著提升水稻产量和籽粒氨基酸品质；深窄沟排渍工程对离沟 15m 内土壤脱潜及水稻产量品质提升效果明显，为冷浸田综合改良技术集成提供了科学依据。

三是创新了冷浸田改良与地力提升利用关键技术。针对冷浸田主要障碍因素，研发创新了改良土壤结构的轮作耕作、削减还原性物质的水肥耦合、活化土壤有机碳的有机无机改良剂、改善营养生理的控氮增磷补钾等关键技术，并筛选出适宜冷浸田栽培的耐性水稻品种，显著提升了冷浸田地力水平和作物产量及农产品质量。

四是集成了冷浸田综合治理与高效利用技术模式。集成了盆谷地低洼区冷浸田渍害治理与作物高产高效生产模式、丘陵山区冷浸田优质（绿色、有机）稻米生产模式与冷浸田水生作物生态高值利用模式，稻田综合生产能力提高 25% 以上，有效解决了冷浸田低产低效的问题。

（8）福建省农业科学院果树研究所

杨桃提质增效关键技术研究与集成应用研究针对福建杨桃生产上果实商品性差、技术落后、产业化程度低等问题开展研究，取得以下创新性进展。

一是开展杨桃资源糖含量、氨基酸组分和叶片扫描电镜观察等资源评价研究；率先建立杨桃 Unigenes 库，开展杨桃果实品质形成的转录组学研究。发现蔗糖代谢、半乳糖代谢、戊糖—葡萄糖醛酸转换等通路与果实成熟过程中的糖、酸代谢高度相关；分析杨桃 16 922 个微卫星位点，设计了 1 万多对

SSR 引物，为今后开展杨桃分子辅助育种和果实品质调控研究提供了支撑。

二是筛选出抗性强、成苗快的砧木品种'云霄酸杨桃'，用于育苗规模化应用；筛选出大果、优质、适应性好的杨桃品种'软枝蜜丝杨桃'（闽认果 2004004）和'香蜜'（闽认果 2011010）。在我国已通过认定的杨桃品种中，本成果通过认定的两个杨桃品种单果重最大、可溶性固形物含量居前列；'软枝蜜丝杨桃'可溶性总糖含量最高，达 10.1%；'香蜜'杨桃可滴定酸含量低，为 0.15%；两个杨桃品种推广应用面积占全省杨桃种植面积的 70% 以上。

三是研发了杨桃产期调节、保果增甜提质和绿色防控等关键技术，制定了福建省地方标准《杨桃栽培技术规范》（DB35/T 1435—2014），获授权专利 4 项。该技术体系推广应用面积 2 万多亩，推动福建杨桃的标准化、产业化，大幅度提升了杨桃果实品质和种植效益。

四是改进了杨桃鲜果包装技术，解决了运输过程中果实易受损的难题，提高鲜果商品率；研发冻干杨桃脆、杨桃酒、杨桃罐头、杨桃果脯等系列加工产品；获授权专利 4 项，促进了杨桃产业链的延伸。

（9）福建省农业科学院畜牧兽医研究所

围绕着福建省可用饲草资源营养价值评价、添加剂开发、贮藏体系构建、菌群特性分析和设施设备研发与改进 5 个方面技术攻关，创建福建饲草资源开发及其青贮关键技术创新与集成应用体系，为构建南方饲草料全年平衡供应体系与有效扭转南方食草养殖业冬季草料不足的被动局面提供科学依据与技术支撑。主要研究进展与创新点如下。

一是率先深入并系统开展福建省饲草资源收集与评价研究，建立了多种饲草资源营养价值数据库。收集了 31 种不同季节（冬季、夏季）、不同科属（禾本科、豆科、小灌木）和不同农作物副产物等福建、广东的饲草资源 100 多份，对其营养价值进行全面系统评价，为这些饲草资源的科学利用提供了理论基础，为草食动物生态养殖拓展绿色饲料途径提供了技术支撑。

二是筛选出适宜优质青贮乳酸菌菌株并进行评价及其鉴定，研发出新型适宜制作优质青贮的生物性添加剂。首次采用 Meta 16s RNA 测序技术对绿汁发酵液微生物组成进行分析，筛选出适宜制作优质青贮的绿汁发酵液—甜玉米秸秆绿汁发酵液、乳酸菌菌株—1 株融合乳杆菌（*Weissella confusa* Hua1）和

1 株植物乳杆菌（*Lactobacillus plantarum* Hua2），为有效提高不同饲草加工、贮藏质量开辟了新的途径。

三是因地制宜创新并优化构建非常规饲料青贮保存利用技术体系。采用禾本科与豆科饲草混合青贮，探索出调制葛藤甘蔗梢混合青贮饲料以及花生秸秆玉米秸秆混合青贮饲料的最优方法，使葛藤和花生秸秆变废为宝，成为可利用的优质青贮饲料；研发出水葫芦系列特种青贮饲料，集成创立了水葫芦青贮发酵和利用的技术体系。拓宽了草食动物粗饲料资源，优化构建饲草料全年平衡供应体系，有效地缓解了草食动物冬季饲草不足的被动局面。

四是率先系统分析饲草表面及其青贮过程中微生物的菌群特性，探索并明确了南方饲草青贮过程的乳酸菌的菌群变化动态。率先系统分析出饲草表面乳酸菌群落分布情况及其影响因素，为探明饲草乳酸菌的发酵机制与集成应用提供了理论依据。

五是结合福建乡村养殖业生产实践创建适宜福建省草食动物养殖的饲草青贮加工与应用体系。根据材料特性和生产需求研制了适宜各种不同饲草原料收集、加工、贮藏的设备、设施和加工工艺，获授权发明专利 3 项、实用新型专利 21 项。为福建乃至南方饲草青贮加工与应用奠定了坚实基础。

（10）福建省农业科学院农业生态研究所、福建省农业科学院食用菌研究所、福建省农业科学院农业生物资源研究所、福建省农业科学院土壤肥料研究所、福建省农业科学院茶叶研究所

针对福建省食用菌有机副产物废弃量大、综合利用率低、环境污染严重等问题，在食用菌废弃物资源化利用模式构建及其关键技术研究方面取得研究突破。

一是系统研发了微生物发酵床养猪垫料等农牧废弃物栽培食用菌技术，优化了垫料作为毛木耳、平菇、杏鲍菇、金针菇等栽培基质配方，制定 1 项福建省地方标准，创立了以垫料为主栽培料的食用菌生产技术体系，为养殖业废弃垫料合理利用开辟了新途径。

二是突破了食用菌废弃物肥料化、饲料化、基质化及精深加工等系列关键技术：①突破了菌渣作造粒黏结剂生产复混肥技术及以菌渣为原料的新型硝化抑制剂、重金属钝化剂、菌渣生物炭生产技术，开发出系列新产品 8 个。新型肥料可有效降低蔬菜对镉污染菜地中镉的吸收，叶部镉含量降低 50%，土

壤有效镉含量降低3.6%。酸化土壤长期施用菌肥，土壤pH值提高了0.5个单位，且能减缓土壤的硝化进程。②系统开展了双孢蘑菇、金针菇等菌糠营养价值评价；研究发现部分菌糠可作为功能性饲料应用，双孢蘑菇下脚料作为蛋鸡饲料原料，蛋黄中胆固醇下降13.17%～13.94%；蛹虫草菌糠中的硒元素可在蛋鸡体内转化和富集，鸡蛋硒含量0.30～0.36 mg/kg，达到富硒蛋标准；利用菌糠微生物发酵料调制全价混合日粮，实现其在肉羊等动物上规模化利用，可替代精料20%以上，经济效益提高10%以上，实现了节粮增效。③率先集成研发了作物育苗、食用菌栽培等农业生产中菌渣生物基质生产工艺和应用技术，开发出系列生物基质产品，并依托漳州绿宝公司、厦门江平生物基质技术有限公司等企业平台，实现了产业化应用。④创新性研发出食用菌废弃物提取蘑菇多糖、蘑菇精粉等新技术。获发明专利1项，开发出产品4个。⑤创立了"茶—菌—肥"生态循环模式，通过茶园套种食用菌，实现培肥增效的生态效应。同时突破了茶枝代料栽培平菇、香菇、灵芝关键技术，2017年，茶—菌生态循环技术与古田县山区科技示范户余海燕对接，该技术获得第二届中国（福建）女大学生创新创业大赛一等奖。

三是因地制宜地创建了"食用菌—菌渣—饲料—家畜""畜—沼—草—菌—肥"等7个废弃物循环利用模式，构建了"养殖场—食用菌—菌糠料—牧草业—种养加"为载体的2个循环农业园区，应用系统能值理论，阐明并明确了所创立的循环农业园区的环境负荷率下降35.90%，可持续发展指数提高62.94%，为南方山区农村发展现代循环农业提供理论依据与技术借鉴。

（11）福建省林业科学研究院

沿海防护林领域，主要开展沿海木麻黄防护林更新改造技术、海岸带植被恢复过程与生态重建、高效减灾沿海防护林体系优化构建、木麻黄基因组测序及抗逆品种选育等研究。湿地生态领域，主要开展红树林退化湿地生态系统恢复与重建、互花米草综合治理与控制技术、人为干扰对滨海湿地生态系统的影响及调控技术、滨海湿地生态系统服务功能与评估技术等研究。

松材线虫病综合防控技术的研究；真菌杀虫剂（白僵菌、绿僵菌）的研究与应用；沿海防护林病虫害防控技术研究与应用；油茶病虫害综合控制技术研究与推广示范；重要造林及经济林树种主要病虫害研究等方面研究都取得了进展。

5.6.1.3 农产品加工技术方面

（1）福建省水产研究所

一是与青岛前沿种业公司合作培育'金蛎1号'福建牡蛎杂交三倍体单体苗100万粒和附壳苗3.2万片，并移至深沪湾核心示范区开展网笼、网袋等方式的养殖示范，建立牡蛎单体养殖技术与模式。

二是围绕国内外海洋经济生物的种质资源开发利用、遗传育种基础和应用研究，开展福建省重要水生生物种质资源收集、保存和遗传背景分析；从分子、细胞、个体和种群水平研究主要水生生物经济性状的遗传规律，将传统育种方法与分子生物学技术相结合，开展遗传改良和新品系的培养，建立育种技术新体系。

三是开展海洋生物人工繁殖育苗技术，新品种引进驯化及健康养殖技术，水产养殖防灾减灾、节能减排设施技术，渔业装备与设施养殖技术，渔业资源增殖与保护技术，远洋渔业探捕与负责任捕捞技术。

四是开展海洋生物资源高值化开发技术研究与应用，针对大宗鱼、虾、贝、藻类等海洋生物资源，进行原料物性、产品贮藏、保鲜理论、精深加工技术研究及产品开发；针对福建特色海洋生物资源、开展活性物质提取分离、结构改性、活性评价和毒理研究，开发功效显著、成分明确的新型功能性食品、海洋生物材料、海洋农用产品和海洋生物源化妆品。

（2）福建省农业科学院果树研究所

以拓展枇杷种质资源研究方向和促进创新利用为目标，围绕枇杷花功效成分鉴定评价、花的标准化生产及其产业化利用核心技术等方面开展系统研究，取得创新进展如下。

一是研究表明枇杷花黄酮和三萜类物质具有消炎、缓解便秘、抗氧化作用，创建了枇杷资源花的黄酮和三萜类物质数据库；挖掘出高含量枇杷品种（种质）28份。以国家枇杷资源圃保存的种质资源为研究对象，鉴定国际上枇杷主产区代表性种质资源花中的黄酮、熊果酸、科罗索酸、齐墩果酸等主要功效成分417份次；率先构建枇杷花黄酮和三萜类物质数据库，研究提出高、中、低含量分级指标；挖掘出消炎、缓解便秘、抗氧化等功能物质含量高的枇杷品种（种质）28份。

二是探明了枇杷花三萜类物质等功效成分积累规律，明确了枇杷花利用的最佳采样时期；研制地方标准《贵妃枇杷花生产技术规范》，规范了枇杷花栽培中田间管理、病虫害防控、采摘贮存等质量控制技术，并颁布实施。研究探明了枇杷花三萜类物质等功效成分积累规律，花蕾期至露白期是枇杷花三萜类物质利用的最佳采样时期，同时也是枇杷花黄酮积累高峰期；研究发现花梗中三萜类物质含量最高，为枇杷花整体的圆锥花序利用提供理论依据。

三是攻克了枇杷花快速干燥、茸毛分离、异味去除等技术难题，突破了枇杷花传统干燥效率低、流动性差、草青味重的技术瓶颈，枇杷花利用率80%以上，创制新产品实现产业化。创新设计的高压蒸汽(130~150℃)经套管回流烘干新鲜枇杷花，实现了批量干燥，比传统烘干效率提高1倍以上，消除了草青味；发明的枇杷花穗粉碎后再造粒技术，克服了枇杷茸毛多、流动性差的技术难点。

（3）福建省农业科学院农业工程技术研究所

杏鲍菇高值化加工及综合利用技术创新与应用研究，以解决高值化产品精深加工与副产物综合利用的技术匮乏这一杏鲍菇生产产业遭遇的共性问题为目标，系统分析建立了杏鲍菇资源化加工适应性评价体系、创新集成高值化产品精深加工专利技术、研发创制杏鲍菇营养休闲系列产品，解决了规模化产业融合发展的突破点。经过7年时间的研发与推广，为杏鲍菇规模化产业融合发展与资源综合利用提供科学支撑与技术保障。其重要科研进展如下。

一是基于生物、理化、功能等多元指标系统分析，创建原料加工适应性及产品质量标准评价体系。以各栽培模式的加工原料为基础，系统分析感官、理化、营养、加工、以及特征物质指标，分别建立原料加工适应性评价模型和各类加工产品的品评标准，为指导深加工产品安全与标准化生产提供技术依据。

二是率先发明超声波—内沸腾法多糖高效提取专利技术，多糖提取效率显著提高59%；探究多糖理化结构、流变特性，创新杏鲍菇多糖养生专利产品1个，研究证明多糖P—2a对A549肺癌细胞和sum159乳腺癌细胞增生的明显抑制功效。

三是创新集成钝化—促香—干制为主链的复合加工技术，突破多糖黏稠特征困扰杏鲍菇烘焙食品加工的技术障碍，发明杏鲍菇深加工专利技术，创制高值化"菇+粮"营养休闲食品4个。

四是创新应用理化调质、渗透调味、综合杀菌等现代技术，率先发明无油型杏鲍菇卤制食品加工专利技术，创制软包装休闲产品3个。解决传统高油加工缺陷，显著提高菇品耐煮性和呈味均匀度；综合杀菌技术比单一非热力杀菌可延长产品货架期90天。

五是创新全价利用杏鲍菇副产物，发明杏鲍菇浆液调配和生物发酵专利技术。生产的杏鲍菇鱼露氨基酸态氮达13 mg/mL，高于一级鱼露（SB/T 10324—1999）；杏鲍菇酱油氨基酸态氮达8.5 mg/mL，高于特级酱油（GB 18186—2000）；杏鲍菇蚝油氨基酸态氮达9mg/g，达国家标准3倍（GB/T 21999—2008）；杏鲍菇醋香味口感更加柔和；杏鲍菇酸泡菜风味特征明显。

5.6.2 医疗保健新进展

5.6.2.1 厦门大学抗癌研究中心

一是通过研究与肠癌密切相关的信号通路及通路中的关键分子，阐释消化道肿瘤的发生发展及侵袭转移机理。

二是新型肿瘤诊断试剂与治疗药物的开发。既通过肿瘤分子药物靶点去筛选中药，又可以检测抗癌中药单体对靶点的效果，筛选具有明显抗癌活性的中药单体加以利用改造，开发靶向性抗肿瘤药物。

5.6.2.2 福建省医学科学研究院

研究通过分析临床食管癌组织样本、食管癌癌前病变组织以及正常食管组织中KDM1A表达水平，通过Transwell侵袭实验检测食管癌细胞株Eca—109，TE—1的侵袭性，同时利用western blot和实时荧光定量逆转录PCR技术检测KDM1A蛋白、KDM1A mRNA在各个细胞株中的表达，并分析其与食管癌细胞株侵袭性的相关系。通过RNA干扰技术抑制食管癌细胞株Eca—109中KDM1A的表达，同时利用MTT细胞增殖实验、Transwell细胞侵袭实验、FCM细胞凋亡实验检测KDM1A的表达对食管癌细胞株增殖、侵袭、凋亡以及糖酵解效应的影响。探讨KDM1A在食管癌的发生和发展中可能起到的作用，为食管癌发生发展机制的深入探讨以及临床诊断和治疗奠定初步基础。

5.6.2.3 福建省微生物研究所

已通过"十三五"国家重大新药创制专项课题的立项答辩的两个项目，分别是"治疗耐药性艰难梭菌的新药RakicidinBx临床前研究"和"稀有放线菌产生高活性药物候选物的定向发酵技术"，计划总合同金额410多万元。标志着微生物所多年坚持海洋药用微生物资源研究取得了突破，新药研发能力不断提升。

海洋创新药物 Rakicidins 项目研发进展顺利，通过菌种选育与代谢调控研究，菌种发酵水平从原有 300~400μg/mL 提升到 600μg/mL 以上，发酵组分由多组分混合优化到目前主要单组分占 98% 以上，累积数百克样品，开展抗艰难梭菌临床前研究。发表多篇核心论文、申请了多项发明专利（含 1 项 PCT 专利）。

获国家科技部和省科技重大专项专题资助的"富马酸贝达喹啉原料药及片剂的开发"项目，已完成试生产，正进行稳定性试验研究。

完成国家重大新药创制专项子课题子任务"米诺环素合成工艺的改进"、省科技重大专项"肿瘤治疗药物与诊断试剂的研发"专题"新型强效 mTOR 靶向抗癌新药的研发"等 13 项课题的验收工作，获得专家的好评。

5.6.3 其他领域新进展

5.6.3.1 资源与环境保护方面

（1）福建省水产研究所

开展养殖水域环境监测与评价，研究养殖环境污染机制及其对养殖生态环境的影响，探讨养殖水域环境容量、污染调控及生态修复技术。针对水产养殖重大病害问题，开展病原生物学及流行病学研究，疾病早期快速诊断技术及预警预报技术，免疫与生物制药防治技术，养殖环境调控技术及综合防控技术。

以渔药、农药、重金属、持久性有机污染物、环境内分泌干扰素、海洋生物毒素等影响水产品质量安全的污染物为主要研究对象。开展污染物残留的检查技术研究。有毒、有害物质在水产品中的积累、代谢及残留量变化规律研究。水产品质量安全危害识别、风险评估、预警及监控技术研究以及水产品质量安全标准化及示范基地建设。

（2）福建省林业科学研究院

1）竹林生态系统碳汇监测与增汇减排关键技术及应用

该成果获 2017 年国家科学技术进步二等奖。历经 15 年合作攻关，突破了竹林碳汇领域中四大关键科学与技术难题。构建了竹林碳通量精准监测技术，首次探明我国竹林是一个巨大的碳汇，使竹林碳汇纳入国际森林减排范畴。创建了竹林碳动态一体化监测技术体系，实现竹林碳时空分异的快速准确测算。成果研发出 5 项国家、国际标准的竹林碳汇项目方法学，创建竹林不同碳库 8 种计量方法模型，确定 10 项计量参数值，建立包含 19 个竹种、48 个模型的竹子生长模型库，填补了国内外空白，开辟了全新的竹林碳汇产业。该项成果技术已在浙、皖、闽、赣等竹子重点分布区大面积推广，为中国社会经济发展创造出巨大的减排空间。2012—2016 年，在福建省三明、宁德、南平 3 个地级市 15 个县（市）推广竹林提质增汇减排经营技术面积累计 315 万亩，通过采用科学的竹林养分调控方案、结构优化措施和土壤生态扰动方式，每亩竹林年提高净固碳量 0.3~0.4t，提高竹材产量 10% 以上，每亩竹林可以年增加竹材、碳汇等间接经济效益 180 元，为推进竹林生态经营、固碳增汇和区域竹林碳汇产业发展做出积极贡献。

2）三环境友好植物纤维树脂基复合材料制备关键技术及产业化应用

该成果获"2016 年省科技进步二等奖"。研发了竹原纤维工业化生产工艺及装备。对纤维前处理、预分解、梳理工艺及装备进行了优化与集成，有效提高了纤维得率和质量，实现了竹原纤维的清洁生产。研发了新型系列纤维表面处理技术。采用等离子体处理和水溶性单体等对纤维进行表面改性，处理过程环境友好，显著改善了纤维与树脂基体的界面黏结。研发了竹原纤维/PET（聚对苯二甲酸乙二酯）混杂纤维毡针刺成型及模压成型、真空吸注成型等复合材料新型制备工艺，开发了复合材料电器构件、汽车内衬件和鞋辅件等新产品。采用新型反应性溶剂替代苯乙烯，合成了系列环境友好的 UPE 树脂和大豆油基树脂。对树脂流变特性、固化动力学、复合材料界面特性进行了系统研究，揭示了复合材料组分特性和界面黏结的微观机制。竹原纤维/UPE 复合材料技术指标：含水率 ≤ 1.6%，拉伸强度 ≥ 87MPa，弯曲强度 ≥ 108MPa，弹性模量 ≥ 6 748MPa；200h 紫外光暴露和喷淋处理后试件弹性模量和抗弯强度保留率分别为 89.0%、86.1%，重量损失 5.7%；与同类产品比较，其力学性能、耐水性及耐候性优势明显。

（3）福建省海洋研究所

海岛与海岸带研究中心项目《福建省海岸线调查》由福建海洋研究所牵头，国家海洋局第三海洋研究所、福建省水产研究所两家技术承担单位合作，该项工作已完成全部海岸调查外业工作，正在进行内业工作。海上调查与数据中心项目厦门海域清淤整治工程现状无人机监测。近年来，厦门市海域开展的一系列清淤整治项目，在大嶝岛周边、欧厝至莲河沿海、欧厝至刘五店沿海，以及高集海堤开口工程等项目设置了大范围的纳泥区，与海域清淤同步开展纳泥填海活动。为全面掌握清淤纳泥对海岸带地形产生的影响，受厦门海域清淤整治工程指挥部办公室委托，我所采用无人机低空监测与人工现场测量的方法，对厦门海域清淤整治工程的纳泥区现状进行监测，无人机摄影测量区域面积 30.95 km^2，获取低空航拍照片 11 807 张；低空视频拍摄航线 86.2 km，获取有效航拍录像资料 132 min，并通过摄影测量数据处理，形成镶嵌并具有空间坐标的低空正射影像图成果。该项目首次在厦门海域实施大范围海域地形无人机低空监测，利用无人机低成本、高效率的优势，顺利完成项目的工作内容。厦门是经济高度发达的沿海城市，沿海区域距离民航航道较近，沿海地区敏感点密集，厦门岛东部至南部还有低空旅游航线，海岸带空域环境复杂，在这种复杂环境条件下，实施无人机大范围低空监测，需要在技术上充分优化设计，保障飞行安全，结合有效的管理协调，才能保证项目的顺利实施，该项目为沿海复杂区域的低空无人机监测进行了有效的应用实验。

基于内网的海洋生物地球化学数据管理平台项目实施近三年来，已经建立了海洋生物地球化学数据管理平台，并完成了部分的数据录入。基本上已经能对整个海洋生物地球化学数据库进行管理和应用，对已录入数据进行一些基础分析。目前已在原有数据管理平台基础上增加一多元异构数据标准化处理系统，大大提升了标准化数据处理的准确性及便捷性。

福建主要入海河流河口区沉积物中污染物、微生物和底栖动物的生态关联研究项目，进行了前期数据文献收集，取样与分析方法建立；参考污染程度的历史记录与季节变化布设采样站位，在闽江河口区采集了 24 个沉积物样品、微生物样品和底栖生物样品，在九龙江河口区采集了 7 个沉积物样品、微生物样品和底栖生物样品，正在进行沉积物样品分析、微生物组成分析、底栖生物样品鉴定。

福建南部主要江河河口区 CDOM 吸收和荧光特性研究项目，2017 年 5 月、8 月、9 月、10 月对九龙江、晋江、诏安东溪 3 条江河河口区进行了取样及 CDOM 的吸收、荧光光谱分析，同时分析了水体的总有机碳、COD、叶绿素 a 等参数。

5.6.3.2 信息平台与标准化建设方面

福建省科学技术信息研究所网络安全技术研发成果荣获福建省科技进步奖。福建省科学技术信息研究所所属福建省海峡信息技术有限公司，与福建师范大学共同完成的"高性能综合安全网关关键技术研究"项目荣获2017年度福建省科学技术进步奖三等奖。项目以建立高性能综合安全网关技术支撑体系为核心，研究跨层联合优化设计、基于演化博弈和自适应安全基线的主动防御模型、带审计功能的自适应隐私保护身份认证方案和基于网络编码的安全数据融合等关键技术，进行了高性能、高可用、集成化的安全网关研究与产品研发。项目研发成果"黑盾万兆防火墙系统"具有高性能报文转发、用户认证审计、跨服务数据关联查询等功能，已广泛应用于政务、卫生、金融等政府部门和企事业单位。同时，信息所以情报研究的视角和方法结合科技统计数据的分析研究为主要研究内容，为政府管理部门出思路、出战略、出对策措施等提供精准数据服务。近两年来，不断强化对统计数据的分析研究，编辑出版《福建科技统计研究专报》，其中《我省2017年R&D经费投入情况国内对比分析》一文被省科技厅简报《科技最新动态》全文刊载送省领导参阅。通过开展福建省部分企业和机构研发经费投入分析研究工作，提出的我省2018年全社会R&D经费投入预测值等内容被省科技厅计划处采纳并上报省政府办公厅，先后为省委省政府、省科技厅各级领导提供《虚拟现实（VR）产业发展综述报告》等近50份产业发展分析报告。

5.6.3.3 其他方面

（1）福建省水利水电科学研究院

水利部公益性行业科研专项项目《平潭岛雨洪资源综合利用研究》，于2017年11月24日顺利通过了水利部国科司组织的验收。该项目按期全面完成任务，取得突出进展，综合评价为"A"。

水利部"948"项目"水工混凝土结构无损检测平台"，2017年5月9日顺利通过了水利部"948"项目管理办公室组织的验收。该项目完成了任务书规定的工作任务，项目取得较好进展，达到考核指标，综合评价为"B"。

水利水电科学研究院为主研发的"淤泥硬化"技术新型桩结构于2017年6月20日顺利通过福建省水利学会组织的技术评审。

2017年水利水电科学研究院获得"一种丘陵山区水库系统及其建造方法"

发明专利授权 1 项，获得"射水法造墙机""一种应用于淤泥地层中的边坡支护结构""一种应用于淤泥地层中建造挡墙支护的结构""一种应用于淤泥地层中建造竖向承载桩的结构""一种海砂淡化装置"实用新型专利授权 5 项，形成独具特色的技术。

（2）福建省农业机械化研究所

2017 年，福建省农业机械化研究所所积极推进产业研究相关工作，承担"推进闽台产业深度融合研究""加快福建发展新旧动能转换的对策研究"两个省经信委课题研究项目；配合省经信委相关处室完成《福建省机器人产业发展规划（2017—2020 年）》《加快发展数字经济推动工业创新发展的意见》《推动软件园区创新发展的意见》等文件编制。发表科技论文 29 篇。申请专利 6 件，获授权 4 件实用新型专利。其中专利"一种多排量往复液压泵"拟许可福建航空装备维修中心实施。

6 科技创新与条件支撑平台建设

6.1 科研平台建设

截至2017年年底,福建省属公益类科研院所拥有的科研平台有国家重点(工程)实验室36个(国家级1个,部级11个,省部共建2个,省级22个),工程(技术)研究中心35个(国家级1个,部级5个,省级29个,2017年新增2个部级,新增2个省级),种质资源圃10个,农作物原种扩繁及改良中心7个(部级农作物品种改良中心3个,部级原原种扩繁基地4个),野外观测站15个(部级14个,省级1个),技术研发平台16个(部级5个,省级11个)。

6.1.1 重点实验室

重点实验室是国家组织高水平基础研究和应用基础研究、聚集和培养优秀科研人才、开展国内外学术交流的重要基地,是依托大学、科研院所和其他具有原始性创新能力的机构建设的科研实体。

截至2017年年底,有21家省属公益类科研院所承担建设了重点实验室36个,其中国家级重点实验室1个,部级重点实验室11个、省部级共建国家重点实验室2个、省级重点实验室22个(表6-1)。

表6-1 2017年年底福建省属公益类科研院所拥有的省部级重点实验室

类别	名称	依托单位	审批部门	审批年份
国家级重点实验室(1个)	国家新药(微生物)筛选实验室(福建)	福建省微生物研究所	科技部	1998

（续表）

类别	名称	依托单位	审批部门	审批年份
部级重点实验室（11个）	南方山地用材林培育重点实验室	福建省林业科学院	国家林业局	1995
	农业部闽台农作物种质资源利用重点开发实验室	福建省农业科学院水稻研究所	农业部	2008
	经络感传重点实验室	福建省中医药研究院	国家中医药管理局	2009
	针灸生理实验室（三级）	福建省中医院研究所	国家中医药管理局	2009
	湿润亚热带生态—地理过程教育部重点实验室	福建省师范大学地理研究所	教育部	2010
	水稻国家工程实验室（南昌）	福建省农业科学院水稻研究所（共建单位）	国家发展改革委	2011
	华南杂交水稻种质创新与分子育种重点实验室	福建省农业科学院水稻研究所	农业部	2011
	农产品质量安全风险评估实验室（福州）	福建省农业科学院农业质量标准与检测技术研究所	农业部	2011
	高致病性动物病原微生物实验室	福建省农业科学院畜牧兽医研究所	农业部	2013
	运动机能评定重点实验室	福建省体育科学研究院	国家体育总局	2014
	高级别生物安全实验室	福建省农业科学院畜牧兽医研究所	国家发展改革委	2015
省部级共建国家重点实验室培育基地（2个）	福建省作物种质创新与分子育种重点实验室	建省农业科学院（水稻所、生物技术所、农业质量标准与检测技术研究所共同承担）	科技部	2010
	福建省湿润亚热带山地生态重点实验室	福建省师范大学地理研究所	科技部	2010
省级重点实验室（22个）	福建省精密仪器农业测试重点实验室	福建省农业科学院农业质量标准与检测技术研究所	福建省科技厅	1989

67

(续表)

类别	名称	依托单位	审批部门	审批年份
省级重点实验室（22个）	福建省医学测试重点实验室	福建省医学科学研究院	福建省科技厅	1992
	福建省森林培育与林产品加工利用重点实验室	福建省林业科学研究院	福建省科技厅	1996
	福建省信息网络重点实验室	福建省科学技术信息研究院	福建省科技厅	1999
	福建省环境工程重点实验室	福建省环境科学研究院	福建省科技厅	2000
	福建省国家新药（微生物）筛选重点实验室	福建省微生物研究所	福建省科技厅	2001
	福建省亚热带资源与环境重点实验室	福建省师范大学地理研究所	福建省科技厅	2003
	福建省农业遗传工程重点实验室	福建省农业科学院生物技术研究所	福建省科技厅	2004
	福建省水稻材料分子育种重点实验室	福建省农业科学院水稻研究所	福建省科技厅	2005
	福建省作物分子育种工程实验室	福建省农业科学院	福建省发改委	2008
	福建省水稻分子育种重点实验室	福建省农业科学院水稻研究所	福建省科技厅	2008
	福建省能源计量重点实验室	福建省计量科学研究院	福建省科技厅	2010
	福建省海洋生物增养殖与高值化利用重点实验室	福建省水产研究所	福建省科技厅	2013
	福建省海岛鱼海岸带管理技术研究重点实验室	福建海洋研究院	福建省科技厅	2013
	福建省农产品（食品）加工重点实验室	福建省农业科学院工程技术研究所	福建省科技厅	2013
	福建省红壤山地农业生态过程重点实验室	福建省农业科学院生态研究所	福建省科技厅	2013

（续表）

类别	名称	依托单位	审批部门	审批年份
省级重点实验室（22个）	福建省红壤山地农业生态过程重点实验室	福建省农业科学院茶叶研究所	福建省科技厅	2015
	福建省禽病防治重点实验室	福建省农业科学院畜牧兽医研究所	福建省科技厅	2015
	福建省作物有害生物检测与治理重点实验室	福建省农业科学院植物保护研究所	福建省科技厅	2015
	福建省经络感传重点实验室	福建省中医药研究院	福建省科技厅	2015
	福建省中医睡眠医学重点实验室	福建省中医药研究院	福建省科技厅	2015
	福建省海岛与海岸带管理技术研究重点实验室	福建海洋研究所	福建省科技厅	2016

6.1.2 工程（技术）研究中心

截至2017年年底，有15家省属公益类科研院所承担建设了工程（技术）研究中心35个，其中国家级工程（技术）研究中心1个，部级工程（技术）研究中心5个、省级工程（技术）研究中心29个。2017年，新增2个部级工程（技术）研究中心，新增2个省级工程（技术）研究中心（表6-2）。

表6-2　2017年年底福建省属公益类科研院所拥有的省部级工程（技术）研究中心

类别	名称	依托单位	审批部门	审批年份
国家级工程技术研究中心（1个）	国家食用菌工程技术研究中心福建分中心	福建省农业科学院食用菌研究所	科技部	2010
部级工程技术研究中心（5个）	杉木工程技术研究中心	福建省林业科学研究院	国家林业局	2013

(续表)

类别	名称	依托单位	审批部门	审批年份
部级工程技术研究中心（5个）	农业部植物新品种测试福州分中心	福建省农业科学院作物研究所	农业部	2016
	海洋生物种业技术国家地方联合工程研究中心	福建省水产研究所	国家发展改革委	2017
	微生物新药研制技术国家地方联合工程研究中心	福建省微生物研究所	国家发展改革委	2017
	特色食用菌繁育与栽培国家地方联合工程研究中心（福建）	福建省农业科学院食用菌研究所	国家发展改革委	2013
省级工程技术研究中心（29个）	福建省微生物药物工程研究中心	福建省微生物研究所	福建省发展改革委	2002
	福建省水稻转基因育种工程技术研究中心	福建省农业科学院生物所	福建省科技厅	2002
	福建省双孢蘑菇技术工程研究中心	福建省农业科学院食用菌所	福建省发展改革委	2003
	福建省畜禽疫病防治工程技术研究中心	福建省农业科学院畜牧兽医研究所	福建省科技厅	2004
	福建省果树（枇杷/龙眼）育种工程技术研究中心	福建省农业科学院果树研究所	福建省科技厅	2004
	福建省杂交水稻育种工程技术研究中心	福建省农业科学研究院水稻研究所	福建省科技厅	2004
	福建省生物农药工程研究中心	福建省农业科学院资源所	福建省发展改革委	2004
	福建省山地草叶工程技术研究中心	福建省农业科学研究院生态研究所	福建省科技厅	2005
	福建省杂交水稻育种工程技术研究中心	福建省农业科学院水稻所	福建省科技厅	2005
	福建省农作物品种抗性工程技术研究中心	福建省农业科学院植保所	福建省科技厅	2005
	福建省农作物害虫天敌资源工程技术研究中心	福建省农业科学院植物保护研究所	福建省科技厅	2008
	福建省特色花卉工程技术研究中心	福建省农业科学院作物研究所	福建省科技厅	2008

(续表)

类别	名称	依托单位	审批部门	审批年份
省级工程技术研究中心（29个）	福建省食用菌工程技术研究中心	福建省农业科学院食用菌研究所	福建省科技厅	2009
	福建省陆地灾害监测评估工程技术研究中心	福建省师范大学地理研究所	福建省科技厅	2009
	福建省双孢蘑菇技术工程研究中心	福建省农业科学院食用菌研究所	福建省发展改革委	2009
	福建省水产病害防治技术工程研究中心	福建省农业科学院生物所	福建省科技厅	2009
	福建省丘陵地区循环农业工程技术研究中心	福建省农业科学院生态所	福建省科技厅	2010
	福建省农业生物药物工程技术研究中心	福建省农业科学院资源所	福建省科技厅	2010
	福建省蔬菜工程技术研究中心	福建省农业科学院作物所	福建省科技厅	2010
	福建省水产病害防治工程技术研究中心	福建省农业科学院生物技术研究所	福建省科技厅	2013
	福建省海洋渔业种业工程研究中心	福建省水产研究所	福建省发展改革委	2015
	福建省茶树育种工程技术研究中心	福建省农业科学院茶树研究所	福建省科技厅	2015
	福建省地力培育工程技术研究中心	福建省农业科学院土壤肥料研究所	福建省科技厅	2015
	福建省木麻黄工程技术研究中心	福建省林业科学研究院	福建省科技厅	2016
	福建省水动力工程技术研究中心	福建省水利水电勘测设计研究院	福建省科技厅	2016
	福建省农产品发酵加工工程技术研究中心	福建省农业科学院农业工程技术研究所	福建省科技厅	2016
	福建省特色旱作物品种选育工程技术研究中心	福建省农业科学院作物研究所	福建省科技厅	2016
	福建省红曲微生物技术开发应用工程研究中心	福建省微生物研究所	福建省发展改革委	2017
	福建落叶果树工程技术研究中心	福建省农业科学院果树研究所	福建省科技厅	2017

6.1.2.1 2017 年度新增工程（技术）研究中心简介

（1）海洋生物种业技术国家地方联合工程研究中心

该中心依托福建省水产研究所设立，在省级工程研究中心的基础上进行提升改造，并于 2017 年获得国家发展和改革委员会立项建设。中心共有工作人员 52 人，其中专职研发人员 49 人，占总人数的 94.23%，其中，学术与技术带头人有 3 人，均为省级省"百千万人才工程人选"。中心以"一库一中心四个分中心"的模式建设，包括海洋生物种质资源库和海洋生物遗传育种中心。其中，海洋生物遗传育种中心又分为鱼类、虾类、贝类、藻类种业 4 个分中心，总建设面积 14 000 m^2。海洋生物种业技术国家地方联合工程研究中心以福建特色海洋生物种质创新为主要研究方向，集科研实验、成果展示、技术推广、学术交流、科技培训等为一体，联合高校科研院所和涉海企业，根据产业发展需求，整合优势，重点解决产业技术难题，实现"产学研用"科研发展机制的工程研究中心，将致力于促进福建特色海洋渔业品种产业结构优化升级。重点开展石斑鱼、东方鲀、真鲷、凡纳滨对虾、牡蛎、菲律宾蛤仔、海带、仿刺参等福建特色海洋生物的种质资源库建设、良种选育、种苗规模化繁育和产品质量安全监测等技术研发。整合优化产前、产中、产后各环节，有效延伸产业链，拓展海洋生物苗种产业链。

（2）微生物新药研制技术国家地方联合工程研究中心（福建）

经福建省发改委批准建设的"福建省微生物药物工程研究中心"，经十多年的建设、运行，成效显著，获得了相关部门和有关专家的认可，在全省工程研究中心和工程实验室 2014—2016 年度的综合评估中排名第五（在非国家地方联合工程研究中心中排名第一），并由省发展改革委推荐、国家发改委评审，批准依托省微生物所建设"微生物新药研制技术国家地方联合工程研究中心（福建）"，实现省微生物所承担建设国家级科技平台的突破，并将提升其科技创新能力，更好地为我省乃至全国的药企提供服务。

（3）福建省红曲微生物技术开发应用工程研究中心

2017 年 8 月，经福建省发展改革委组织的专家评审，《福建省发展和改革委员会关于 2017 年度福建省工程研究中心的批复》（闽发改高计〔2017〕513 号）批准，依托福建省微生物所建设"福建省红曲微生物技术开发应用工程研究中心"，中心通过评估验收后预计总资助金额 600 万元。近年来，省微生物所在红曲菌库建设、红曲产品开发、红曲标准建立和红曲产业关键技术开发和产业化等方面取得较大进展。红曲中心将加快提升为全省红曲及其关联产业提供技术支持和服务的能力，扩大作为全国红曲发源地和主产地的中心地位和影响力，对促进红曲产业技术进步和结构调整，为更好地传承保护"国曲"非遗、发扬光大"古田红曲"的发源地品牌特色优势做出贡献，为生物医药产业和社会健康事业发展做出更大贡献。

（4）福建省落叶果树工程技术研究中心

依托福建省农业科学院果树研究所承担的桃、梨、葡萄 3 个国家产业体系试验站，开展桃、梨、葡萄、李和猕猴桃等南方落叶果树研究。始终坚持"落叶果树种质资源挖掘、创新与利用"这一研究方向，矢志不渝，并坚持"论文写在大地上，成果留在农民家"即将理论成果转化为接地气的应用技术的科研定位，围绕南方重要落叶果树资源挖掘评价、新品种与优异种质创制及配套高效栽培技术研发示范推广、果实产后品质保鲜加工，开展联合攻关与集成示范，取得了多项突破与创新；同时中心着力做好落叶果树高效栽培技术集成示范与推广服务，为福建省落叶果树产业高效发展和农民持续增收做出了重要贡献。

6.1.3 科学（野外）观测站

截至 2017 年年底，有 8 家省属公益列科研院所承担建设了农业科学（野外）观测站 15 个，其中，部级农业科学观测站 14 个，省级观测站 1 个（表 6-3）。

表 6-3 2017 年年底福建省公益类科研院所拥有的省部级农业科学（野外）观测站

序号	名称	依托单位	审批部门	审批年份
部级农业科学（野外）观测站（14 个）	森林生态效益定位监测站	福建省林业科学研究院	国家林业局	1998
	武夷山中亚热带常绿阔叶林生态定位站	福建省林业科学研究院	国家林业局	2000
	农业部福安茶树资源重点野外科学观测站	福建省农业科学院茶叶研究所	农业部	2005

（续表）

序号	名称	依托单位	审批部门	审批年份
部级农业科学（野外）观测站（14个）	福建省福清市国家级农作物品种区域试验站	福建省农业科学院作物研究所	农业部	2011
	农业部风景茶树及乌龙茶加工科学观测试验站	福建省农业科学院茶叶研究所	农业部	2011
	农业部福州农业环境科学观测实验站	福建省农业科学院	农业部	2011
	农业部福州热带作物科学观测实验站	福建省农业科学院农业生物资源研究所	农业部	2011
	农业部东南区域农业微生物资源利用科学观测实验站	福建省农业科学院生物资源研究所	农业部	2011
	农业部福建耕地保育科学观测实验站	福建省农业科学院土壤肥料研究所	农业部	2011
	农业部福州作物有害生物科学观测实验站	福建省农业科学院植物保护研究所	农业部	2011
	农业部南方薯类科学观测实验站	福建省农业科学院作物研究所	农业部	2011
	农业部作物基因资源与种质创制福建科学观测实验站	福建省农业科学院作物研究所	农业部	2013
	福建泉州湾红树林湿地生态系统地位研究所	福建省林业科学研究院	国家林业局	2014
	闽江口河口湿地野外定位站	福建省师范大学地理研究所	国家林业局	2014
省级科学观测站（1个）	福建省农业科学研究野外观测站	福建省农业科学院	福建省科技厅	2009

6.1.4 农作物原种扩繁及改良中心

截至2017年年底,有4家省属公益列科研院所承担建设了原(原)种扩繁基地4个、农作物品种改良中心3个(表6-4)。

表6-4 2017年年底福建省属公益类科研院所拥有的农作物原种扩繁及改良中心

序号	名称	依托单位	审批部门	审批年份
原原种扩繁基地（4个）	福建超级稻原原种扩繁基地	福建省农业科学院水稻研究所	农业部	2005
	福建省鲜食专用型玉米原原种扩繁基地	福建省农业科学院作物研究所	农业部	2006
	福建省叶菜专用型甘薯原原种扩繁基地	福建省农业科学院作物研究所	农业部	2007
	福建省优质抗稻瘟病不育系谷丰A、全丰A原原种扩繁基地	福建省农业科学院水稻研究所	农业部	2012
农作物品种改良中心（3个）	国家水稻改良中心福州分中心	福建省农业科学院水稻研究所	农业部	2000
	国家果树改良中心福建分中心	福建省农业科学院茶叶研究所	农业部	2014
	国家热带水果改良中心福州龙眼分中心	福建省农业科学院果树研究所	农业部	2015

6.1.5 种质资源圃（库）

截至2017年年底,有5家省属公益列科研院所承担建设了种质资源圃(库)10个,其中部级种质资源圃(库)7个、省级种质资源圃(库)3个。2017年,新增部级种质资源圃(库)1个(表6-5)。

表6-5 2017年年底福建省属公益类科研院所拥有的省部级种质资源圃（库）

类别	名称	依托单位	审批部门	审批年份
部级种质资源圃（库）（7个）	国家农作物种植资源平台龙岩枇杷种质资源平台	福建省农业科学院果树研究所	科技部	2006

（续表）

类别	名称	依托单位	审批部门	审批年份
部级种质资源圃（库）（7个）	农业部福州龙眼种质资源圃	福建省农业科学院果树研究所	农业部	2009
	农业部福州橄榄种质资源圃	福建省农业科学院果树研究所	农业部	2010
	福建省黑脊倒刺鲃良种场	福建省淡水水产研究所	农业部	2012
	农业部福州枇杷种质资源圃	福建省农业科学院果树研究所	农业部	2012
	南方李棕种质资源圃	福建省农业科学院果树研究所	农业部	2013
	福建省漳州国家闽台特色作物种质资源圃	福建省农业科学院亚热带农业研究所	农业部	2017
省级种质资源圃（库）（3个）	福建省乌龙茶种质资源圃	福建省农业科学院茶叶研究所	福建省科技厅	2004
	福建省香蕉种质资源圃	福建省热爱作物科学研究所	福建省科技厅	2004
	福建省水稻育种材料种质资源圃	福建省农业科学院水稻研究所	福建省科技厅	2005

6.1.5.1 2017年度新增种质资源圃（库）简介

由福建省农业科学院亚热带农业研究所承建的国家闽台特色作物种质资源圃于2017年4月获得农业部立项建设，总投资1 297万元，位于漳州市龙文区朝阳镇。主要用于闽台特色作物种质资源的收集、保存、鉴定评价及创新利用，挖掘闽台特色作物优异种质及基因资源，为特色作物品种选育、功能成分发掘、优质农产品开发提供物质基础。资源圃占地面积150多亩，拥有规范化实验室2 000 m^2、玻璃温室1 500 m^2、大棚温室6 000 m^2 及田间保存圃100亩，目前保育特色果树、野特菜、水仙花、甘蔗、香料等闽台特色作物种质资源2 200多份。预计2019年12月完成初验，2020年正式竣工验收。

6.1.6 技术研发平台

截至2017年年底，有9家省属公益列科研院所承担建设了技术研发平台16个，其中部级技术研发平台5个，省级技术研发平台11个（表6-6）。

表 6-6　2017 年年底福建省属公益类科研院所拥有的技术研发平台

类别	名称	依托单位	审批部门	审批年份
部级技术研发平台（5个）	南亚热带作物良种苗木繁育基地（南亚热带名优水果苗木）	福建省热带作物科学研究所	农业部	2002
	国家食用菌加工技术研发分中心	福建省农业科学院工程技术研究所	农业部	2008
	国家海水鱼类加工技术研发分中心（厦门）	福建省水产研究所	农业部	2010
	福建省福清市国家级农作物品种区域试验站	福建省农业科学院作物研究所	农业部	2011
	国家水稻育种栽培技术创新基地	福建省农业科学院水稻研究所	国家发改委 农业部	2013
省级技术研发平台（11个）	福建省热带亚热带果树良种脱毒苗木基地	福建省热带作物科学研究所	福建省科技厅	1992
	微生物新药中试基地	福建省微生物研究所	福建省科技厅	2002
	福建省微生物新药自动发酵中心	福建省微生物研究所	福建省科技厅	2006
	台湾海峡海洋调查与环境检测开放实验平台	福建海洋研究所	福建省科技厅	2007
	福建省畜禽疫病防治动物实验平台	福建省农业科学院畜牧兽医研究所	福建省科技厅	2009
	福建省计量科学研究院科研基地	福建省计量科学研究院	福建省发改委	2012
	福建港湾海洋环境检测技术研究平台	福建海洋研究所	福建省科技厅	2013
	福建省药物制剂技术研发平台	福建省微生物研究所	福建省科技厅	2013
	福建省华药技术重大研发平台	福建省微生物研究所	福建省科技厅	2014
	福建省畜禽疫病防控技术重大研发平台	福建省农业科学院畜牧兽医研究所	福建省科技厅	2014
	福建省台湾海峡资源调查重大研发平台	福建省海洋研究所	福建省科技厅	2014

6.2 科研条件支撑平台建设

截至 2017 年年底，省属公益类科研院所共拥有的科研条件支撑平台有文献中心 6 个，生产力促进中心 2 个，科技服务平台 55 个。

6.2.1 文献信息中心

文献信息中心是一个集中外文图书、期刊、声像资料于一体的文献中心，以及能满足网络需要的信息资源中心，为社会的信息需求提供文献信息保障。

截至 2017 年年底，有 4 家省属公益列科研院所承担建设了文献中心 6 个（表 6-7）。

表 6-7 2017 年年底福建省属公益类科研院所拥有的文献中心

文献中心	依托单位
福建省台湾文献信息中心（工业库）	福建省农业机械化研究所
福建省台湾农业文献中心	福建省农业科学院农业经济与科技信息研究所
福建省科技图书文献中心福州站	福建省科学技术信息研究所
福建省台湾文献信息中心科技馆	福建省科学技术信息研究所
福建省标准信息库	福建省标准化研究院
国家标准馆福建分馆	福建省标准化研究院

6.2.2 生产力促进中心

生产力促进中心是以中小企业和乡镇企业为主要服务对象，组织科技力量（技术、成果、人才、信息）进入中小企业和乡镇企业，以各种方式为企业提供服务，促进企业的技术进步，提高企业的市场竞争能力。生产力促进中心是国家创新体系的重要组成部分，是社会主义市场经济条件下，深化科技体制改革，推动企业尤其是中小企业技术创新的科技中介服务机构。

截至 2017 年年底，有两家省属公益列科研院所承担建设了生产力促进中心两个（表 6-8）。

表6-8　2017年年底福建省属公益类科研院所拥有生产力促进中心

生产力促进中心	依托单位
福建省生产力促进中心	福建省科学技术信息研究所
福建省林业生产力促进中心	福建省林业科学研究院

6.2.3　科技服务平台

截至2017年年底，有29家省属公益列科研院所承担建设了科技服务平台55个，其中科技服务平台19个、资源共享平台6个、检验检测平台15个、查新咨询平台3个、资格认定平台3个、科技合作基地6个、文献信息平台3个（表6-9）。

表6-9　2017年年底福建省属公益类科研院所拥有的科技服务平台

类别	名称	依托单位	审批部门	审批年份
技术服务平台（19个）	福建省海上环境调查监测技术公共服务平台	福建海洋研究所	福建省科技厅	2009
	福建泵产业技术提升公共服务平台	福建省农业机械化研究所	福建省经贸局 福建省财政厅	2010
	福建省工业项目成果及技术需求对接中心	福建省农业机械化研究所	福建省经贸局 福建省财政厅	2010
	工业泵产品技术创新公共服务平台	福建省农业机械化研究所	福建省经贸局 福建省财政厅	2011
	双孢蘑菇周年高产栽培	福建省农业科学院食用菌研究所	国家外专局	2011
	福建省有机肥及有机无机复混肥技术服务平台	福建省农业科学院土壤肥料研究所	科技部 财政部	2012
	福建省农业机械化技术创新服务平台	福建省农业机械化研究所	科技部 财政部	2013
	茶树栽培与茶加工技术服务平台	福建省农业科学院茶叶研究所	科技部 财政部	2013
	福建省设施蔬菜生产新品种新技术服务平台	福建省农业科学院作物研究所	科技部 财政部	2013
	福建省微生物发酵技术服务平台	福建省农业科学院农业工程技术研究所	科技部 财政部	2013

(续表)

类别	名称	依托单位	审批部门	审批年份
技术服务平台（19个）	福建省微生物及化学制药行业技术开发基地	福建省微生物研究所	福建省经贸局 福建省科技厅 福建省教育厅 福建省财政厅	2013
	福建省微生物分析检测技术公共服务平台	福建省微生物研究所	福建省科技厅	2013
	福建省计量器具型式评价技术公共服务平台	福建省计量科学研究院	福建省科技厅	2013
	特色果树新品种新技术服务平台	福建省农业科学院果树研究所	科技部 财政部	2014
	中药及健康产品研究开发专业技术服务平台	福建省中医药研究院	科技部 财政部	2014
	福建省原生蔬菜产业技术公共服务平台	福建省农业科学院亚热带农业研究所	福建省科技厅	2014
	福建省农作物育种产业技术公共服务平台	福建省农业科学院作物研究所	福建省科技厅	2014
	红曲菌种资源及其产业化技术服务平台	福建省微生物研究所	福建省财政厅	2015
	福建省珠宝首饰技术公共服务平台	福建省测试技术研究所	福建省科技厅	2015
资源共享平台（6个）	福建省大型科学仪器设备协作共用平台	福建省测试技术研究所	福建省科技厅	2012
	福建省农村科技信息资源共享与服务平台	福建省农业科学院	福建省科技厅	2013
	福建省茶树种质资源共享平台	福建省农业科学院茶叶研究所	福建省科技厅	2013
	福建省中药种质资源保护利用与共享平台	福建省农业科学院农业生物资源研究所	福建省科技厅	2013
	福建省武夷山生物多样性研究信息资源共享平台	福建省武夷山生物研究所	福建省科技厅	2013
	福建省科技文献资源共享服务平台	福建省科学技术信息研究所	福建省科技厅	2014
检验检测平台（15个）	国家认可实验室	福建省农业科学院农业质量标准与检测技术研究所	中国合格评定国家认可委员会	2007

(续表)

类别	名称	依托单位	审批部门	审批年份
检验检测平台（15个）	国家城市能源计量中心（福建）	福建省计量科学研究院	国家质量监督检验检疫总局	2008
	机械工业农机及泵类产品质量检测中心（福州）	福建省农业机械化研究所	中国实验室国家认可委员会	2009
	国家蒸汽流量计产品质量监督检验中心	福建省计量科学研究院	国家质量监督检验检疫总局	2010
	福建省农业科学院畜牧兽医研究所（ABSL-3）实验室	福建省农业科学院畜牧兽医研究所	中国合格评定国家认可委员会	2011
	福建省装备制造业计量校准检测服务平台	福建省农业机械化研究所	福建省经贸委福建省财政厅	2012
	农业部产品质量监督检验测试中心	福建省水产研究所	农业部	2012
	农业部渔业产品质量监督检验测试中心（厦门）	福建省水产研究所	农业部	2012
	福建省职业危害检测与鉴定实验室	福建省安全生产科学研究院	国家安全生产监督管理总局	2012
	林产品质量检验检测中心（福州）	福建林业科学研究院	国家林业局	2013
	福建省渔业环境监测站	福建省水产研究院	国家渔政局	2013
	国家光伏产业交流测试中心	福建省计量科学研究院	国家质量监督检验检疫总局	2013
	农业部农产品质量安全风险评估实验站	福建省水产研究所	农业部	2014
	省级中药原料质量检测技术服务中心	福建省中医药研究院	国家中医药总局	2014
	有害物质先进检测科研平台建设	福建省测试技术研究院	福建省科技厅	2014
查新咨询平台（3个）	福建省科技查新中心	福建省科学技术信息研究所	福建省科技厅	1995
	查新检索中心	福建省农业科学院农业经济与科技信息研究所	福建省科技厅	1998

(续表)

类别	名称	依托单位	审批部门	审批年份
资格认定平台（3个）	卫生部医药卫生科技项目查新咨询单位	福建省医学科学研究院	卫生部	2002
	药物临床试验机构	福建省中医药研究院	国家食品药品监督管理总局	2013
	农药登记实验单位	福建省农业科学院果树研究所	农业部	2014
	农药环境安全评价中心	福建省农业科学院植物保护研究所	农业部	2015
科技合作基地（6个）	海西农业微生物菌剂国际科技合作基地	福建省农业科学院农业生物资源研究所	科技部	2015
	福建省闽台科技合作基地	福建省水产研究所	福建省科技厅	2015
	福建省闽台科技合作基地	福建省中医药研究院	福建省科技厅	2015
	福建省科研单位水稻品种区域试验联合体	福建省农业科学院水稻研究所	福建省农业科学院	2016
	长江中下游科研单位水稻试验联合体	福建省农业科学院水稻研究所	中国农业科学院	2016
	华南稻区科研单位水稻试验联合体	福建省农业科学院水稻研究所	中国农业科学院	2016
文献信息平台（3个）	福建省台湾文献信息中心（科技馆）	福建省科学信息研究所	福建省人民政府	2009
	福建省台湾文献信息中心（工业库）	福建省农业机械化研究所	福建省人民政府	2009
	福建省台湾文献信息中心（农业库）	福建省农业科学院农业经济与科技信息研究所	福建省人民政府	2009

6.3 固定资产投入

截至2017年年底，福建省属公益类科研院所年末固定资产原价为126 854.4万元、科学仪器设备64 561.4万元，科学仪器设备数量28 717台

（套），人均科研仪器设备 26.68 万元/人。

6.3.1 固定资产情况

截至 2017 年年底，福建省属公益类科研院所年末固定资产原价为 126 854.4 万元，同比增长 11.10%；其中科研房屋建筑物 40 701.7 万元，占比 32.09%，同比增加 7.14%；科学仪器设备 64 561.4 万元，占比 50.89%，同比增加 9.20%；人均科研仪器设备 26.68 万元/人，同比增长 5.66%。

截至 2017 年年底，福建省属公益类科研院所购置的科学仪器设备中，科学仪器设备 28717 台（套），其中单台原值大于等于 100 万元的有 55 台（套），占比 0.19%；科学仪器设备原值为 64 561.4 万元，其中单台原值大于等于 100 万元的科学仪器设备共有 14 551.1 万元，占比 22.54%。

6.3.2 院所科学仪器设备比较分析

截至 2017 年年底，省属公益类科研院所平均科学仪器设备经费为 1 744.90 万元/家，高于平均水平的有 10 家科研院所；其中科学仪器设备经费排名前三的分别为福建省计量科学研究院（17 621 万元）、福建省水产研究所（6 394.9 万元）、福建省微生物研究所（4 103 万元）。人均科学仪器设备经费为 23.11 万元/人，高于人均水平的有 17 家科研院所；人均科学仪器设备经费排名前三的分别为福建省计量科学研究院（59.33 万元/人）、福建省水产研究所（56.10 万元/人）、厦门大学抗癌研究中心（48.52 万元/人）。

7 科技成果应用与转化案例

7.1 福建省微生物研究所

2017年，福建省微生物研究所与福建金山生物制药股份有限公司签订了关于醋酸巴多昔芬的技术转让合同，转让金额20万元及药物年销售额的0.5%（持续5年）。同年与福建金山生物制药股份有限公司、国药控股星鲨制药（厦门）、侨源气体（福州）有限公司、福建师范大学等企事业单位签订各类技术服务合同16项，合同总金额130多万元。2017年，横向技术服务收入到账150万元。通过项目的实施为企业研发新产品、新技术，帮助企业提升创新能力。

7.2 福建省标准化研究院

2017年，福建省标准化研究院的科技成果与转化案例如下。

一是基于"地方政府效能建设的标准化研究""行政服务标准化的重点、难点与系统解决方案研究"等项目研究成果，服务福建省监狱管理局、福州市仓山区行政服务中心、闽清县行政服务中心等单位开展行政服务标准化建设。

二是基于"福建省服务业标准化及其体系构建研究""福建省地名公共服务标准体系研究""供给侧改革背景下的福建省家政服务标准化研究"等项目研究成果，协助厦门市救助管理站、福州市社会福利院开展国家级社会管理和公共服务综合标准化试点建设；服务三坊七巷、石牌洋等旅游标准化试点建设，为泰宁县全国旅游标准化试点县建设提供技术指导；为福州树人家政服务有限公司省级家政服务业标准化试点项目提供技术支持。

三是基于多项农业及农村标准化项目研究成果指导开展浦城县国家级农业综合标准化示范县薏米产业综合标准化建设及国家蔬菜种植综合标准化示范区建设；协助南平市开展茶、竹、食用菌等特色优势农产品质量标准体系研制并协助开发标准服务平台。

7.3 福建省热带作物科学研究所

2017年，福建省热带作物科学研究所与漳州招商局开发区等单位签订合作协议，承担了"菌根菌在南方作物应用研究与示范"及"园林绿化苗病虫害发生规律与防治"项目，为当地农业产业发展提供技术咨询，为人才培养、科技合作、成果转化等方面的对接与合作奠定了基础。具体案例如下。

一是与漳州市金銮园艺有限公司签订"姜荷花栽培种的种质资源及繁育技术"成果转让合同一份，金额18.09万元。

二是与漳州招商局经济技术开发区生态建设中心签订技术服务"菌根菌在南方作物应用研究"合同一份，金额14.5万元。

7.4 福建省水利水电研究院

2017年，福建省水利水电研究院运用其为主研发的"模袋桩及淤泥硬化复合结构体技术"成果，先后完成了晋安河竖向模袋桩施工、开挖抛石驳岸护脚2.0m，浇筑腰梁和圈梁，最大限度拓宽了河道的行洪断面。院针对晋安河在二环路桥下方的原有砌石驳岸出现整体坍塌，危及临近的天然气管道的安全和河道行洪安全的应急突发事件，结合晋安河驳岸修复和天然气管道保护要求，利用研究院新研制钢管模袋桩复合结构，开展示范段工程，不但解决工程难题，降低工程造价，而且将原河道拓宽了2m，解决了福州城区水系综合治理中面临的疑难问题。

7.5 福建省中医药研究院

2017年，福建省中医药研究院立足中医药，依托自身人才与技术优势，为区域经济服务，全年承接横向技术服务项目53项，合同金额336多万元；申请技术成果专利11项，授权3项；现有技术成果授权专利14项。2017年，省中医药研究院建设的"中医药技术转移中心"获批"省级技术转移中心"，现展示技术专利20多项，成功转让发明专利1项，转移技术成果5项。其中发明专利"一种可食性的植物干燥剂"于2016年荣获福建省百万职工"五小"创新大赛一等奖、获2018年福建省专利奖三等奖。

依托平台服务与研发,中医院获得科技部授予"中药及健康产业研究开发专业技术服务平台"、福建省科技厅授予"闽台牛樟芝产业技术服务平台"、福建省教育厅授予"牛樟芝产业福建省高校工程技术中心"等产业服务平台,成为福建中医药大学保健食品研发中心建设单位。

同时,福建省中医药研究院以太子参、栀子、牛蒡、竹叶等主要产品研究开发为核心,已经逐渐形成优势项目,与国内外20多家企业建立多形式的合作关系,每年为研究院科研的可持续发展争取横向开发经费约100万,为企业直接或间接创造效益3 000多万元的同时,使该院从单纯的技术服务、技术咨询向直接参与企业建设、经营的合作开发模式转型。这种点对点的合作方式,以市场需求为导向,具有极强的针对性,使科研成果能得到迅速转化,也克服了大多数企业相对技术积累薄弱、技术来源贫乏、人才资源匮乏、技术创新后劲不足的缺憾,由此给企业带来的经济效益,亦使企业乐于加强与科研院所的良性互动,从而推动行业乃至区域的自主创新、技术进步。

2017年,福建省中医药研究院与福州杉峰生物科技有限公司成功达成协议,转化研究院所有的"一种可食性植物干燥剂"(ZL 201210103028.9)技术成果专利。该项专利于2014年6月4日获得发明专利授权,之后该专利又获得了福建省专利三等奖。该项专利技术于2014年12月起在福州杉峰生物科技有限公司实施运用并产生了较好的经济效益。

7.6 福建省林业科学研究院

2017年,福建省林业科学研究院主要以转让方式转化科技成果,以协议定价方式,共转化科技成果5项,合同金额34万元。研发的林木良种和实用新技术在企业转化,产生明显的社会、生态和经济效益。福建省林业科学研究院注重产学研相结合,为林业企业提供技术服务与咨询,签订技术服务合同7项,合同金额656.97万元。

福建省林业科学研究院、南京林业大学等单位共同完成的"杉木高世代遗传改良和良种繁育技术研究"(闽科鉴准字〔2010〕第62号)项目。成果达到国际同类研究先进水平,获得2010年度福建省科学技术进步奖二等奖。自2011年以来,依托该项目率先实现了杉木优良无性系组培苗木的中试、规模生产和推广应用;率先建立了杉木第三代育种群体,建成了杉木第三代种子园2 711

亩。成果在杉木杂交亲本分子遗传变异与子代生长的关系、分子标记亲本选配、第三代育种群体的遗传多样性研究和第三代种子园建设等方面有重要创新。

该成果从 2012 年起转让给福建省国有来舟林业试验场、福建省洋口国有林场、将乐国有林场和光泽华桥国有林场等 7 个单位，合同金额达 72 万元。营建杉木第三代种子园 6 000 多亩，优良无性系良种示范林 2 000 多亩，二年生时平均保存率 95.47%，平均树高 2.07 m，起到示范推广作用。培训人员 1 000 多人次，编制杉木第三代种子园良种播种育苗技术手册，提供给林农，项目的实施将有力地提高杉木良种在全省推广应用，示范作用显著。

7.7 福建省计量科学研究院

2017 年，福建省计量科学研究院继续加大推进科研成果推广转化力度，取得了明显的成效，其主要措施如下。

第一，修订科研成果转化办法。根据国家以及省最新成果转化政策，制定并颁布《院科技成果转化办法》，使得成果转化更接地气，更具有可操作性。

第二，梳理转让、许可、作价投资和合作 4 种科技成果转化案例，许可一批成果，形成良好示范效应。2017 年，"温湿度试验设备自动检定系统的研制""基于摄像技术的燃油加油机自动检定装置的研究""多功能数字温湿度计/体温计的研制""多功能无线自组网温湿度监测仪的研究" 4 个项目在海峡技术转移中心交易系统实现对接，完成网上签约。计量院以此次转化为案例，逐步探索建立科技成果许可转化模式，规范转化流程，为今后的科研项目成果许可转化积累更多的经验。

第三，加大成果宣传力度。通过参加"全国计量测试技术学术交流会暨第四届计量测试科技成果推介会"和"第 15 届 6.18 海峡项目成果交易会"等大型会展积极向全国兄弟单位及相关企业宣传推广科研成果。加强通过报纸、网站、微信公众号等积极宣传院科技成果。

第四，福建省计量科学研究院"国家质检科技成果转化推广基地"，依托福建海峡计量科技开发中心 2017 年销售科研产品又有新的增长，本年度共销售科研产品 388 台，共计实现销售额 328 万元，其中烟气排放连续监测系统检定装置 149 万元，温湿度试验设备检定系统 12.9 万元，pH 离子检定仪及温湿度自动检定装置 8.4 万元，聚合酶链反应分析仪自动校准装置 32 万元，呼吸机检定仪 10.8 万元等。

8 对外科技服务

8.1 对外科技服务概述

2017年，福建省属公益类科研院所对外科技服务活动工作量合计1 306人·年；其中为社会和公众提供的检验、检疫、测试、标准化、计量、计算、质量控制和专利服务423人·年，占比32.39%；科技成果的示范性推广工作233人·年，占比17.84%；其他科技服务活动215人·年，占比16.46%；为用户提供可行性报告、技术方案、建议及进行技术论证等技术咨询工作176人·年，占比13.48%；科技培训工作170人·年，占比13.02%；科技信息文献服务84人·年，占比6.43%；地形、地质和水文考察、天文、气象和地震的日常观察5人·年，占比0.38%。

8.2 各院所对外科技服务分布

2017年，有33家省属公益类科研院所参加对外科技服务活动，其中工作量最多的是福建省计量科学研究院，达到355人·年，占比27.18%；服务内容为社会和公众提供的检验、检疫、测试、标准化、计量、计算、质量控制和专利服务237人·年，其他科技服务活动97人·年，科技培训工作21人·年。工作量排在第二位的是福建省林业科学研究院，达72人·年，其服务内容主要集中在为用户提供可行性报告、技术方案、建议及进行技术论证等技术咨询工作18人·年。工作量排在第三位的是福建省科学技术信息研究所，达66人·年，信息文献服务有35人·年、可行性报告、技术方案、项目建议等技术咨询工作9人·年，科技培训工作3人·年。

9 重点发展方向

9.1 应用基础科学（4所）

9.1.1 福建省微生物研究所

9.1.1.1 微生物发酵提取工艺研究系统的扩建与提升

"微生物发酵提取工艺研究系统的扩建与提升"项目获得2017年度财政部中央引导地方科技发展专项的支持，首期资助金额150万元。该项目对完善和发展省微生物所"微生物自动发酵平台"条件，提升优势技术领域和服务成果转化能力奠定了坚实基础。

在各类项目的支持下，福建省微生物所将加强微生物发酵平台建设，加强对已有微生物药物和微生物发酵品种的发酵工艺研究，微生物发酵品种的中试技术研究，为企业提供工业化成熟技术和发酵品种，为企业提供发酵技术中试研究任务，为省内外科研院校、企业培训发酵技术人才。

同时，将重点开展在研的一批有较好市场前景的药物品种如抗耐药菌酯肽类抗生素达托霉素、抗耐药菌糖肽类抗生素替考拉宁、免疫抑制剂咪唑立宾、他克莫司、子囊霉素、大环内脂类抗肿瘤抗生素埃坡霉素（Epothilones）、脂肪酶抑制剂 lipstatin 的发酵技术和中试研究，培育高产菌株，建立成熟的工业化发酵技术，并转让给相关生产企业，实现科研成果转化和应用，创造社会效益。

9.1.1.2 加强微生物新药筛选平台建设，提高新药创制水平

经省发改委批准建设的"福建省微生物药物工程研究中心"，经十多年的建设、运行，成效显著，获得了相关部门和有关专家的认可：在全省工程研究中心和工程实验室2014—2016年度的综合评估中排名第五（在非国家地方联

合工程研究中心中排名第一），并由省发改委推荐、国家发改委评审，批准依托微生物所建设"微生物新药研制技术国家地方联合工程研究中心（福建）"，实现承担建设国家级科技平台的突破，并将提升微生物所的科技创新能力，更好地为福建省乃至全国的药企提供服务。

基于国家新药（微生物）筛选实验室和福建省新药（微生物）筛选实验室的历年工作基础，将加强药用微生物资源库、微生物代谢产品样品库建设，购置先进仪器，加强科技联盟，引进先进技术，建立筛选新模型，提高新药筛选效率，增强新药创制能力。

按照国家科技资源平台的要求，不断进行稀有放线菌和海洋放线菌为主的特色资源的增量研究，5年内达到3万的资源保藏规模，规范完善药用微生物资源的标准化整理，逐步实现资源信息和实物的有条件共享，在资源数据化、信息化的基础上加强资源的功能研究以及资源的开发应用，充分发挥保藏资源的价值。

加强基础性研究，重点开展药物合成基因水平的分子筛选模型、细胞水平的抗肿瘤作用筛选模型以及细胞信号途径靶位的筛选模型研究，分别建立微生物遗传技术实验室和细胞培养实验室。根据国家"十二五"创新药物研究开发项目提出的目标要求，重点针对恶性肿瘤、自身免疫性疾病、耐药性病原菌感染、肺结核、病毒感染性疾病等重大疾病，以及其他严重危害人民健康的多发病和常见病，开展创制药物的研究工作。加强新药筛选关键技术研究，解决微生物菌种DNA快速鉴定、活性菌株发酵、代谢产物的早期结构类群鉴别、化合物快速分离纯化、微量化合物的结构鉴别等关键技术，提高新药发现效率。以新药筛选平台为依托，积极申请承担省生物医药产业重大专项研究"新药创制及药物创新技术平台建设"，组织申报各类省部级科研基金，特别是争取在国家自然科学基金项目申请上能有所突破。以省重点实验室为平台，结合实验室的研究方向，逐步尝试设立开放性课题，在条件成熟的情况下申请建立一个博士后流动站，搭建一个开放交流的平台，短期引进一些优秀的博士和访问学者，增进与大学和科研院所的交流，达到自我提升的目的。

加强合作，与省内外相关新药研发单位合作，利用合作单位的研发优势，特别利用他们建立的特色药物作用靶位，分子、细胞以及动物模型，扩大对资源库和样品库的筛选范围，达到资源共享的效果，共同开发微生物资源库，提高资源的利用率；加强产学研的合作，积极争取国内有实力的医药企业早期介入新药筛选，逐步向企业作为新药研发主体的目标发展。参与国内微生物药物创新技术联盟，联合省内主要研发机构和微生物药物生产企业，组建"福建省微生物药物产业技术创新战略联盟"，发挥联盟在我省新药研发、产业化技术开发、重大医药项目实施等方面的"火车头"作用。

福建省新药（微生物）筛选重点实验室自筹建以来，承担了"十二五"国家重大新药创制专项课题"创新微生物药物高效筛选与发现技术平台研究"，超级"973"项目子课题"异种移植抗排斥免疫抑制剂药物的研发"，国家自然科学基金"雷帕霉素类新型 mTOR 变构抑制剂的发现及其构效关系研究"等国家级课题，福建省科技重大专项"抗耐药菌和关节炎治疗药物的研发与产业化—替考拉宁原料药的开发"，省海洋高新产业发展专项"海洋微生物产生的抗癌新药 Rakicidin B 的研究"，科技创新平台建设项目"微生物分析检测技术公共服务平台"等多项省级科研项目。

9.1.1.3 建立新靶点 mTOR 抗癌药物研发平台，推进靶向抗癌药物研究

基于雷帕霉素类抗肿瘤药物的研究基础，通过微生物转化法、化学半合成法以及生物合成基因改造法，加大对雷帕霉素新衍生物的筛选研究，将力争获得 10~15 个雷帕霉素新衍生物，初步建立药理实验室，开展药理药效研究，并争取国家对候选化合物的研究立项支持。

培养与引进细胞药理学人才，重点开展细胞水平免疫激活、免疫抑制活性研究，体外肿瘤细胞活性研究。逐步建立初步药理实验室，建立细胞水平药物作用模型，开展抗肿瘤活性药物的初步药效评价和新药筛选。开展细胞信号传导途径关键靶位（如 mTOR 靶位）、细胞凋亡靶位的作用模型研究，建立针对分子靶位的新药筛选，为获得有知识产权的创新药物奠定基础。

加强对新靶点 mTOR 靶向抗肿瘤雷帕霉素衍生物的强仿（me to 和 me better）研究。加紧对目前国外已上市或正在进行临床研究的靶向治疗晚期肾癌药物 Temsirolimus（CCI-779）、软组织和骨骼（肉）瘤以及晚期肿瘤的靶向治疗药物 Deforolimus（AP23573）等衍生物的合成和纯化工艺路线研究和药理、药效、药剂研究，申报 1~2 个福建省新药创制重大专项支持，加快这些针对恶性肿瘤的靶向抗癌药物研究，并组织新药报批工作。

9.1.1.4 建设化学合成与半合成药物研发平台，推进抢仿化学药研发进程

开展药物的合成和半合成研究，建立新化合物库，推进化学药研发进程，储备医药新品种，为企业提供医药新品种和新技术。

开展对即将专利到期的预防某些霉菌和酵母样真菌引起的真菌感染的新药泊沙康唑（posaconazole，Noxafil）化学法和酶法相结合的新合成路线、晚期乳腺癌治疗新药氟维司群等化学合成药物的抢仿研究，争取在专利到期前打通工艺路线，申请新工艺发明专利，并组织开展新药报批工作，力争获得1~2个国家新药临床研究受理件。

承接企业委托的化学合成药研究任务，打通合成工艺路线，帮助企业解决在新药报批中出现的质量问题，推进企业的新药研发进度，储备医药新品种。

开展药物半合成新衍生物研究，重点开展雷帕霉素、环孢素、他克莫司、子囊霉素、四环类、氨基糖苷类等抗生素的系列半合成新衍生物研究，建立半合成化合物库，提供新药筛选研究。争取获得数十个新化合物。

9.1.1.5 建立药物制剂研究实验室，加快药物新剂型研究和新药报批工作

与医药企业合作，引进高层次药物制剂研究高层次人才，建立药物制研究实验室，加快对西罗莫司包衣片、雷帕霉素滴眼剂、他克莫司胶囊、吗替麦考酚酯胶囊、塞加滨片等药物新剂型的研究和报批工作，并为企业提供制剂质量研究和新药报批技术工作。

9.1.1.6 加强大型仪器共享平台建设，推进药物质量分析技术研究

为加快新药研发进程，将通过申请各类专项经费、重大专项经费补助，添置急需的定量型液质联用、气相色谱—质谱联用仪等大型先进仪器设备，开展分离、纯化技术以及药物质量分析技术研究，为新药研究提供高质量的质量研究和技术分析服务。

9.1.1.7 加强食品、工业、农业、环境等微生物应用技术以及生物制品的研究

2017年，"福建省红曲微生物技术开发应用工程研究中心"获省发展改革委批准立项建设，通过评估验收后预计总资助金额600万元。该中心的建设，对促进我省红曲产业技术进步和结构调整，为更好地传承保护"国曲"非遗、发扬光大"古田红曲"的发源地品牌特色优势做出贡献。

立足于福建省的市场情况和需求，引进高层次人才，以农产品发酵加工、益生菌、生物农药为重点，开展工业微生物、农业微生物以及环境微生物等应

用技术及产业化关键技术研究开发，解决传统发酵食品的酿造工艺难题，开发绿色的益生菌和生物农药，利用微生物开发生物质能源；引入人才和项目，适时开展生物制品研发。争取用5年的时间，初步建成应用微生物技术研发平台，培育微生物应用技术开发团队，提升服务经济能力。

发挥微生物发酵的技术优势，研究黄酒、啤酒的发酵工艺改进，菌种纯化，研究酶技术、膜分离等技术在发酵及后处理过程的工程化应用，为企业提供技术支撑。

针对益生菌在保健食品、禽畜饲养、水产养殖业等领域的应用和产业化中出现益生菌菌株（菌群）筛选、作用机理、活性保存、制剂配方等技术问题，开展应用研究，并推向产业化，提高人们对益生菌的了解和认可度。

适时开展生物农药、环境污染生物治理等领域的微生物应用技术研究。针对亟待解决的环境污染问题如目前各海域接连爆发海水富营养化而引起的赤潮现象，通过分离筛选能高效抑制赤潮藻（如小球藻等）生长的微生物菌种——细菌、放线菌、藻类，并从中找出活性成分加以鉴定及研究，为生物抑藻和杀藻治理赤潮提供帮助。

以红色诺卡氏菌细胞壁骨架(N-CWS)的新剂型、新用途的研究为切入点，开展生物制品的研究，适时引进生物技术人才和项目，以基因工程、细胞工程、蛋白质工程、发酵工程等方式，着力研发用于人类疾病预防、治疗和诊断的生物制品，拓宽生物技术研发领域。

9.1.2　福建海洋研究所

福建海洋研究所1979年建所时期就明确以台湾海峡区域海洋学研究为科研目标，是一所公益型综合性海洋科学研究机构。根据福建面对台湾海峡，毗邻南海东海，海岸线漫长，港湾海岛众多的，人口经济重心在沿海地区的实际，研究所围绕4个主要科研方向，开展交叉学科综合研究工作。

9.1.2.1　台湾海峡与毗邻海域海洋学研究

以国内唯一省级管理的海洋综合调查船"延平2号"为依托，开展台湾海峡区域海洋学研究。研究区域以台湾海峡与福建近海为重点，向东海、南海及中国台湾地区周边海域延伸，积累覆盖广泛的长时间序列环境监测数据。监测全球变化（气候异常及人为干扰）对福建沿海及重要河口海湾的重要影响，推动两岸海洋环境的交流及合作，支撑区域重大海洋科学与技术问题的研究。

一是持续开展平台能力建设。2013 年在福建省地震局支持下，共建"延平 2 号"科考船海洋物探平台，形成完善的人工震源船勘测能力，为国家地震局"台湾海峡西部地壳深部结构探测"项目与海峡两岸科技合作提供海上调查技术支持。二是依托科技创新平台的支撑提高作用，以国家自然科学基金项目共享航次计划为引导，探索海上观测平台共建共享与海洋现场数据长期积累的机制，推进"延平二号"在台湾海峡及毗邻海域海洋调查的区域性开放科技平台的作用，扩大国内、海峡两岸、国际合作的范围与影响。

9.1.2.2 海洋与海岸带地区可持续发展前沿领域的科学研究

通过持续推进海洋调查数据开放信息中心实验运行，形成条件良好的多功能信息服务平台，实现开放使用，通过数据挖掘，充分发挥珍贵海洋调查监测资料的应用潜力，支撑台湾海峡海洋科学研究与应用的开展，服务海峡西岸经济区转变发展方式与跨越发展。依托"福建省海岛与海岸带管理技术研究重点实验室"，应用多学科交叉的方法，借助海洋数值模拟和信息化等技术，重点开展海洋与海岸带地质研究、海洋水动力环境研究、海洋功能区划技术、重点海域及区域规划、地理信息数据处理技术、综合信息共享平台及应用研发、海洋 3S 技术综合应用、海洋过程数值模拟、海洋遥感处理与应用、海洋生态系统评估、海洋工程测绘技术。

9.1.2.3 海洋环境科学与环境保护技术研究

依托"福建省海陆界面生态环境重点实验室"（与厦门大学联合建立）、"福建省海上环境调查监测技术公共服务平台"，整合 CTD、ADCP、GPS、测深仪、气象仪等船载仪器设备资源、对海上环境调查监测进行网络化建设、构建陆域海上调查数据中心等信息基础建设，瞄准全球变化和人类活动等多重压力下近海—流域生态系统演变机制的重大科学前沿，同时针对国家与地方对近海—流域生态安全和防灾减灾的重大需求，主攻以台湾海峡及其毗邻近海—流域为典型研究区域，开展台湾海峡—典型河口—海湾生源要素地球化学和海洋生态环境化学研究、典型河口—海湾营养盐动力学富营养化特性及形成机制的研究、海洋有机污染物的来源分布迁移及其生物地球化学循环研究、有机污染物在海洋及食物链中的迁移及生物地球化学研究、沿岸带近海海洋环境污染及其生态效应研究、海洋环境监测、海洋资源开发与环境系统健康评价、海洋污染防治与生态保护等关键技术研究、海洋环境管理技术研究，提高区域海洋与海岸带管理的科技服务能力，促进海峡两岸海洋生态环境领域的合作，为建设福建海洋强省、为海峡西岸经济区的可持续发展提供科学技术支撑。

9.1.2.4 海洋生态系统与生物技术研究

积极开展台湾海峡生物资源（主要包括浮游生物、底栖生物和渔业资源）调查研究，区域性海洋生态环境评估，赤潮生物及赤潮产生机制研究，海洋生物新品种繁育技术研究，海洋生物高效养殖技术及病害防治研究，海洋微藻生理生化及光谱方面的研究。

9.1.3 福建师范大学地理研究所

未来五年，地理研究所继续立足湿润亚热带区域特色，探究区域发展重大科学问题，形成森林生态系统过程及其对全球变化的响应、湿地生物地球化学循环和生态保育、第四纪环境演变与全球变化、人口与区域发展、水土流失治理、资源开发利用与区域经济发展研究、区域综合减灾、闽台地理交叉研究等9个相对稳定、特色鲜明的优势研究领域。

9.1.3.1 森林生态系统过程及其对全球变化的响应

重点开展研究亚热带常绿阔叶天然林，人工林碳、氮、磷水等主要生源要素生物地球化学循环，及其对模拟氮硫沉降、降雨、土壤升温等环境变化的影响及机理；森林转换对土壤有机碳和养分损失、土壤有机质稳定性的影响机制和深层土壤有机碳的调控机制。

森林生源要素生物地球化学循环：研究限制亚热带森林生长的主要元素氮、磷的生物地球化学循环过程，探讨亚热带森林凋落物、细根分解、养分归还过程及植物—微生物相互作用机制，揭示不同森林经营方式（采伐、林地清理、更新等）影响下的森林氮磷等养分循环、转化和损失过程及其对森林长期地力的影响，发展亚热带森林生产力维持的理论与技术。

森林温室气体源汇及其对土地利用/覆被变化的响应：研究森林植物多样性与土壤微生物多样性、碳贮量、土壤碳通量之间的相互关系，阐明地上/地下生物多样性对森林碳吸存功能的作用机制，揭示土壤微生物多样性对土壤碳过程的调控作用；建立适合于湿润亚热带山地的碳循环机理遥感模型，解决复杂下垫面条件下的区域碳汇计量难题，阐明我国湿润亚热带区域碳汇在全球的地位。研究土壤甲烷氧化菌的关键调控因子，揭示土壤氧化甲烷机理，探讨森林植物自身是否排放甲烷的国际争议问题，评估湿润亚热带森林甲烷源汇功能。针对湿润亚热带山地土壤氮相对饱和特点，利用土地利用/覆被变化序列构成的土壤氮梯度，研究土壤氮转化关键过程、N_2O 通量及关键控制因素；揭示氨氧化细菌和氨氧化古菌及组成对硝化作用和 N_2O 通量的影响；定量硝化作用和反硝化作用对 N_2O 通量的贡献；验证目前国际上流行氮过程模型在本地区的有效性。

本研究将形成湿润亚热带山地特色的森林元素生物地球化学循环理论体系，有利于促进地理学与生态学学科的交叉融合，推动地理学的发展。研究成果对促进我国亚热带森林生产力维持和森林可持续经营有重要意义，同时为满足我国亚热带森林碳增汇、温室气体调控等提供重要科技支撑，对发挥福建省森林覆盖率全国第一的优势有重要意义。

9.1.3.2 湿地生物地球化学循环和生态保育

以我国东南沿海具有代表性的闽江口湿地为研究区域，系统研究河口区潮汐沼泽湿地碳氮循环的各个过程及其微生物学机制；探讨温室气体排放对于外来植物入侵、酸沉降、土地利用/覆盖变化、盐水上溯等变化的响应，其中关于河口潮汐沼泽湿地温室气体动态的研究目前在国内已得到同行的认可并具有一定的研究优势，同时，在国际上的影响也在逐渐扩大。

本方向将深化和拓展地理学在河口区的内涵和外延。通过探讨湿地的生态恢复与建设、污染物防治和入侵种互花米草的综合治理等应对措施，以满足国家在降低河口湿地与近岸海洋生态与环境风险的重大需求，为福建省滨海河口地区湿地生态系统健康的维系、生物多样性保育和湿地生态服务功能的发挥提供科学依据和技术支撑，实现社会、经济与环境的可持续发展。

9.1.3.3 第四纪环境演变与全球变化

瞄准全球变化热点科学问题，选择中国若干全球变化的敏感区域，以各种载体为研究对象，进行地貌过程与环境演变研究。在以下方面颇具特色与优势。

（1）红色地层及其古地理环境研究

武夷丹霞山通常被认为是河流湖泊形成的红色钙质胶结的砂砾岩层，但其物质组成、元素组成、微形态等特征均类似于第四纪土壤—古土壤沉积，而与现代河流湖泊沉积特征不吻合，成为国内外争议焦点。根据土壤—古土壤的基本特性，联合国际知名古土壤学专家对丹霞红色地层重新进行考察与鉴定，借助环境磁学，环境元素地球化学、稳定同位素等先进技术手段，研究丹霞红色地层的形成过程，推动古土壤学的发展与认识，从而揭示红色地层中蕴含的古地理环境演变信息。

（2）环境演变与气候变化

在气候变化背景下，未来气候变化趋势的预测依靠古气候研究的发展与进步。结合气候动力理论研究和现代综合观测资料，依托古环境演变的研究成果，揭示不同时空尺度上全球及区域的重大环境事件，分析海峡两岸多时间尺度气候变化的空间差异及时空关联，尤其是"极端气候事件"发生的频率与幅度，评估人类活动对气候变化的贡献程度。

（3）海峡两岸植被对全球气候变化的响应与适应

以海峡两岸山地树轮资料为研究对象，建立两岸山地对气候变化敏感的多树种树轮年表序列，输出两岸地区过去数百年以来干湿变化的图集，揭示气候变化特征的差异及其时空关联，反演森林对气候变化的响应与适应过程。利用LPJ-GUESS植被模型理解海峡两岸地区植被动态，探寻气候变化对不同区域植被的影响，推测不同未来气候变化情境下，区域植被可能的变化趋势，评估其对碳循环和气候变化的贡献。

本研究涉及地理学、生态学、化学等多个学科，其成果将促进古土壤学、古生态学、古气候学的发展，有助于深入的了解气候变化的过程与机制，增强我国气候谈判国际话语权和应对气候变化能力。

9.1.3.4 人口与区域发展

本方向主要探讨流动人口的迁移特征与规律、权益保护以及相关公共政策；探讨就地城镇化的特征、产生的机制以及规划调控；探讨贫困区域经济社会发展与生态环境保护之间的协同，以及气候变化背景下高温热浪对脆弱性人群的影响与适应等区域重点与热点科学问题，为福建省区域可持续发展提供科学依据。

9.1.3.5 水土流失治理

针对红壤区水土流失严重及侵蚀退化地生态恢复难度大等问题，基于长期定位观测、模拟实验与空间信息技术，揭示严重退化地的侵蚀特征、演变过程及形成机制，阐明典型红壤侵蚀区生态恢复与重建机理，开发红壤退化地关键生态调控技术和生态恢复重建模式，为区域社会经济可持续发展提供科学支撑。

（1）山地开发对水源地水质影响及面源污染机理

重点研究水源地山地开发前后的水土流失特征及其与水质变化的关系，定量评价不同开发方式、耕作管理模式和污染物迁移转化对水质影响程度以及地表径流与壤中流的水质变化，分析面源污染对重要水源地水质影响，建立小流域面源污染负荷估算模型，提出了生物篱和三区防治生态调控技术。

（2）侵蚀退化地生态恢复重建理论与调控技术

基于红壤侵蚀退化地不同治理措施和不同恢复度的定位监测，结合数值模型的分析技术，分析生态恢复与重建的时空变化格局与驱动因素，定量评价生态恢复重建过程中生物多样性、元素循环、水土保持与水源涵养功能以及环境互动效应，揭示生态恢复过程中诸生态因子的变化及其对种群动态的贡献，解析退化山地水土流失调控模式的结构与功能，提出退化地生态恢复重建的理论与机理、关键技术及模式。

本研究将在红壤坡面水土流失过程与面源污染机理、严重侵蚀退化地生态恢复重建理论体系和关键技术等方面取得突破，不仅可以提升本学科创新能力，而且对政府决策、加速福建生态省建设、改善人居环境、推动海峡西岸经济区可持续发展具有重要科学价值和实际意义。

9.1.3.6 资源开发利用与区域经济发展研究

发挥本研究所多学科交叉融合的优势，开展资源开发利用与优化配置研究，构建区域土地资源开发利用的环境安全空间格局，服务地方社会经济发展。

（1）资源开发利用与优化配置研究

开展自然资源耦合利用与优化配置研究；水土地资源利用效率的时空差异及机制研究；自然资源的生态补偿研究；区域资源开发利用的环境安全空间格局构建；闽台区域资源对比与协同利用研究等。

（2）区域经济发展研究

开展海上丝绸之路经济带经济联系网络结构与发展研究；全球生产网络下

闽台重点产业整体性转移与承接的模式、机理与效应研究；不同类型产业集群创新网络的空间尺度研究；海峡西岸经济区区域经济差异格局的演变及机制研究；闽台农业产业合作体系、模式、机制及效应研究等。

本方向可为海峡西岸经济区建设资源节约型和环境友好型社会提供决策支持，为海峡西岸经济区实现生态良性循环、自然资源合理利用、社会经济可持续发展提供科技支撑。

9.1.3.7 区域综合减灾

海西地处我国东南沿海，台风灾害频发，快速城市化与生态环境脆弱性放大了巨灾风险。防灾减灾是区域社会经济发展的重大需求，是跨越众多专业部门，横贯多个学科的综合性课题。发挥地理学的综合优势，服务我省防灾减灾的人才培养、基础研究、技术开发和科普教育；为各有关单位提供防灾减灾技术咨询、灾害风险综合评估与灾害应急决策支持服务。优先发展领域为以台风灾害链为主的区域自然灾害过程规律、综合风险管理、重特大自然灾害链情景模拟、防范与应急决策过程仿真等研究。具体包括以下3个重点发展方向。

（1）区域自然灾害综合风险评估

研究城市化、水土流失等地表过程与全球气候变化叠加的灾害效应与灾害风险；人口、工程设施等社会经济承灾体的空间结构，致灾因子的空间过程；开发综合风险评估技术，为区域规划与灾害防治提供服务。

（2）灾害监测与损失评估技术

研究多平台、多传感器综合集成的灾害过程监测技术体系及其创新应用模式；重点研究卫星遥感技术与地理信息系统、网络通信、移动定位和视频GIS等技术的集成方法及其在典型灾害监测中的应用，为灾害监测、灾情快速评估提供技术支撑。

（3）灾害链过程模拟与应急管理

开发虚拟地理环境技术，模拟常见的台风、洪涝等灾害以及火灾等城市突发事件的发生发展过程，并应用于突发事件应急管理。重点研究突发事件场景建模、应急预案可视化、虚拟应急演练等技术及其在公共安全管理和减灾教育中的应用。

9.1.3.8 城市与区域规划

在省级主体功能区规划的基础上，继续开展土地利用规划、生态文明示范区规划、产业布局规划,探讨县级功能区规划,尝试区域可持续发展实验区规划,积极参与各级政府的"十三五"规划,为区域发展提供决策咨询。

本研究方向致力推动人文地理学与人口学、社会学、经济学与区域规划学科的交叉融贯发展,并形成具有显著特色的专业方向与优势领域,就事关区域发展全局的城镇化与人口迁移、主体功能区划、产业布局等关键问题上进行有益探索,为福建省可持续发展提供决策咨询。

9.1.3.9 闽台区域地理交叉研究

通过闽台区域地理交叉研究,深入揭示两地地缘文化、地缘经济和地缘政治交互演化的历史过程及其关联机制和在两岸发展中的作用,为促进两岸和平发展和推进和平统一提供地理方面的决策依据;鉴于两岸存在相似的环境和地域空间格局,通过两岸经济发展和城镇化过程中人口迁移聚散、基层文化特征(包括语言、信仰、风俗等)演化、产业布局、城镇结构、资源集约利用、环境与生态保育等问题的对比研究,为福建省的区域发展和以就地城镇化为特征的城镇体系布局及城市生态建设提供决策借鉴和科学依据。

9.1.4 福建省武夷山生物研究所

9.1.4.1 "中国福建武夷山生物多样性研究信息平台"建设

进一步完善中国福建武夷山生物多样性研究信息应用系统,补充完善武夷山生物多样性数据。继续开展针对性科学考察活动,进一步摸清武夷山生物多样性现状,同时结合科考采集保存武夷山野生生物种质资源。

在大型固定监测样地的基础上,启动定点观测研究。以武夷山最具代表性生态系统——常绿阔叶林为研究对象,开展生物多样性定点观测研究试验,在样地里布设红外相机、便携式气象仪、林冠穿透雨收集器、马来氏网等仪器设备和建造测流堰、地表径流场等科研设施,对监测样地进行水文、气象、动物监测、昆虫监测等生态数据采集。

以开展生物多样性保护的重大科学理论和关键技术研究,提升福建省在生物多样性保护、研究和应用等方面的整体创新能力和水平,为武夷山生物多样性的保护和可持续利用提供技术与基础条件支撑为目标。

适时启动开展研究武夷山各生态系统中主要生物类群群落结构的时空动态变化和武夷山闽江水源地生物类群的群落结构与动态变化,探索武夷山生物多样性演化规律为主要观测内容，选择并建成具有代表性意义的武夷山生物多样性长期定点观测中心。近期先建成武夷山常绿阔叶林群落结构动态变化监测中心。

9.1.4.2 "武夷山生物多样性保护研究基地"基地建设

武夷山生物所现有实验室面积60m^2，标本室面积40m^2。实验室内已经配备仪器有德国蔡司体式显微镜、奥林帕斯生物显微镜、超低温冰箱、可见紫外分光光度计、超纯水仪、定氮仪、恒温培养箱、立式培养振荡器、恒温培养振荡器、超净工作台等仪器设备，还拥有所需的化学试剂、贵重生化试剂。用于对生物标本、土样和水样的保存以及简易、快速的处理和检测。随着科研的深入，必要时可以增加仪器设备完善实验室建设，建成开放式的武夷山生物多样性研究公共实验室。以加强武夷山生物多样性研究科学数据共享服务为目的，补充完善武夷山生物多样性专题数据资源及水文、气象数据，开发科研数据野外采集系统，建成武夷山生物多样性研究科学数据中心。推进"武夷山生物多样性保护研究基地"建设，打造大型监测样地。以大型固定样地为主的森林生物多样性监测受到越来越多的关注，为人们了解生物多样性的变化及其影响，理解物种共存机制等提供了翔实的数据。

9.1.4.3 加强公共实验室和野外科研设施建设

武夷山被中外生物学家称为"鸟的天堂""蛇的王国""昆虫的世界""研究两栖、爬行动物的钥匙""世界生物之窗"。在"中国福建武夷山生物多样性研究信息平台"建设的前提下，分阶段开展鸟类、两栖、爬行动物、兽类、鱼类监测研究，按动物种类不同制定调查样区和调查样线，分季节定期调查。并适当采集和制作鸟类、两栖、爬行动物、鱼类的实体标本增加武夷山生物所的标本数量和种类。

建设福建省科普基地（省青少年科技教育基地），更好地开展武夷山生物多样性科普工作，重点在生态环境保护与各产业的可持续发展，农业研究与农业生态环境的综合治理，区域经济发展与生物资源的开发利用等领域开展科学研究工作。积极探索新的科学领域，壮大武夷山生物所科研实力，增强科技后劲，为福建省科技事业和地方经济发展做出贡献。

9.2 农业科学（21所）

9.2.1 福建省林业科学研究院

9.2.1.1 用材树种学科

在杉木、马尾松、桉树、福建柏、红锥、柳杉和油杉种质资源收集保存及评价、良种选育及产业化生产、苗木标准化培育、人工林高效培育等方面研究成果丰硕。为全省绝大多数国家及省级林木良种基地提供技术支撑，及时推广最新的育苗及培育技术，为我省用材树种育种及培育水平的提升做出了应用的贡献。

9.2.1.2 经济林学科

开展经济林和竹类的资源开发利用、遗传育种、丰产栽培、生理生态等应用基础研究和应用技术的开发与推广。主要研究方向包括：木本油料树种油茶、核桃和竹类的资源开发与保护；木本油料树种油茶、核桃和经济竹种的良种选育与推广；木本油料树种油茶、核桃和竹林的丰产栽培与可持续经营；竹资源综合加工利用和竹林增汇减排。在油茶、核桃、竹类等种质资源收集保存、遗传多样性、高产优质良种选育与繁育推广、生态化丰产栽培、竹笋和竹炭、竹醋液、竹林专用肥等研究与开发方面形成了自身特色，优势明显。

9.2.1.3 特色资源学科

以实施科技项目与创建试验示范基地为抓手，聚焦特色树种生物技术、种质创新与高效培育及产业化关键技术研究，并在珍贵和乡土树种研究领域形成特色，建成特色资源创新平台和团队，主要研究树种有闽楠、木荷、樟树（芳樟、龙脑樟）、红豆树、红豆杉、西南桦、香叶树、半枫荷、无患子、锥栗和山苍子等，开发出桉树、芳樟、木荷、杉木、红叶石楠、红掌、金线莲、铁皮石斛等30多种林木、花卉及药用植物的组培技术。

9.2.1.4 森林生态学科

沿海防护林领域，主要开展沿海木麻黄防护林更新改造技术、海岸带植被恢复过程与生态重建、高效减灾沿海防护林体系优化构建、木麻黄基因组测序及抗逆品种选育等研究。湿地生态领域，主要开展红树林退化湿地生态系统恢复与重建、互花米草综合治理与控制技术、人为干扰对滨海湿地生态系统的影响及调控技术、滨海湿地生态系统服务功能与评估技术等研究。

9.2.1.5 林业有害生物防控学科

在松材线虫病综合防控、森林害虫微生物防治、木麻黄抗性育种、油茶等经济林病虫害综合防控等方面研究具有明显的优势，主要研究方向有：松材线虫病综合防控技术的研究；真菌杀虫剂（白僵菌、绿僵菌）的研究与应用；沿海防护林病虫害防控技术研究与应用；油茶病虫害综合控制技术研究与推广示范；重要造林及经济林树种主要病虫害研究。

9.2.2 福建省农业科学院（共15家省属公益研究所）

9.2.2.1 育种与作物科学

以保障粮食安全、提质增效为目标，大力推进水稻、果树、蔬菜、茶叶等作物技术创新，实现共性关键技术的重点突破，建立培育综合产量、品质、抗逆性和广适应性的高效育种技术体系，全力打造一批产量、品质、抗性和适应性综合在较高水平的新品种与配套栽培技术，为福建粮油等作物的"高产、优质、高效、生态、安全"生产提供有力的科技支撑和引领。

（1）福建省农业科学院水稻研究所

水稻品种选育理论、技术和方法；福建省水稻地方资源收集、保存及国内外种质资源的引进、评价；水稻遗传及种质创新；水稻新品种选育及示范推广；水稻高效栽培及机械化、轻简化技术；再生稻配套栽培及示范推广。

（2）福建省农业科学院作物研究所

旱地作物甘薯、马铃薯、花生、大豆、玉米等特色旱地粮油作物品质育种及关键技术；福建省旱作物种质资源收集、保存、鉴定、评价与利用；创制新材料，构建特色旱作物核心种质资源库及评价体系。抗病、抗逆和特色（高维生素C、高粗蛋白、高花青素等）的薯类新品种，优质甜、糯、甜加糯型玉米新品种，丰产、优质、抗病及适合机收的花生新品种，高蛋白型粒用大豆和高淀粉型、高糖、低纤维型大粒菜用大豆等专用型大豆新品种选育。旱作物标准化、轻简化、机械化栽培技术。

蔬菜收集、鉴定蔬菜优异种质资源，筛选并创制新种质。建立主要性状的分子育种技术体系，与常规育种技术整合，培育优质、高产、营养高效、多抗及具特殊优良性状的蔬菜新品种与设施专用型蔬菜新品种。蔬菜标准化栽培技术、设施大棚蔬菜技术、高山蔬菜技术、集约化育苗技术、轻简增效技术等蔬菜产业关键技术；蔬菜种苗产业化技术。

（3）福建省农业科学院茶叶研究所

茶树优特种质资源征集鉴定与优异茶树新品种选育；茶园化肥农药减施增效综合技术；多茶类商品茶连续化、自动化初制加工工程；茶产品质量化学评价与精深加工技术。

（4）福建省农业科学院果树研究所

果树种质资源收集保存与鉴定评价；观赏果树与盆栽盆景果树品种选育；果树生物技术研究与品种创新；现代果业绿色高效栽培方式；果实品质与保鲜、加工技术；果树病虫害综合防控与果品安全生产技术；莲雾、龙眼、枇杷、柑橘、橄榄、香蕉等亚热带果树品种选育及配套栽培技术；桃、李、葡萄、梨等短低温落叶果树；野生果树资源征集与利用；都市现代果业科研创新。

（5）福建省农业科学院作物研究所、福建省农业科学院生物技术研究所、福建省农业科学院农业工程所

收集、鉴定闽台特色花卉种质资源，建立活体及离体保存技术；筛选、创制和综合利用优特种质资源；建立常规育种与分子育种技术相结合的技术体系，开展兰花等特色花卉新品种选育；优异种质及新品种种苗克隆、繁育及产业化技术研发；建立种苗（子、球）遗传稳定性及质量控制检测技术体系；现代设施集约化栽培技术研发及相关生理生化研究；创意栽培及景观种植技术体系研发；百合、水仙花等优良种质资源的引进、保存和综合利用。

（6）福建省农业科学院亚热带农业研究所

亚热带作物糖蔗、果蔗、黄红麻等种质资源的收集、保育和创新利用，及其新品种的选育、配套栽培与示范推广。芳香植物种质资源的收集与保存；芳香植物优异种质的克隆及规模化繁育技术；植物精油、芳香产品及食用香辛料的研发。

（7）福建省农业科学院农业生物资源研究所

药用植物种质资源收集与保存；药用植物种质资源遗传多样性与DNA指纹图谱库建设；中药材生产关键技术研究与相关标准制定；闽产中药材育种关键技术研究与集成；闽产中药材种子种苗繁育技术研究与集成。

9.2.2.2 智慧农业与现代设施

综合应用大数据、云服务、物联网、移动互联网等现代信息与通信技术，以产业链为主线，加快技术创新与产品创制，在设施农业、产后加工、产品流通、产业监管、食品安全、信息服务、农业企业信息化等领域，争取研制一批具有较高实用价值的智能农业装备与信息化产品，满足福建省优势主导产业发展对智能装备与信息技术的需求。

福建省农业科学院农业经济与科技信息研究所：农业信息科学研究、农业信息监测与预警、农业信息挖掘与可视化分析应用、我国农业科技创新信息服务追踪、农业信息资源建设与数字图书馆技术、农业科技期刊传播效率与社会化服务。

9.2.2.3 畜禽繁育与动物疫苗

围绕畜禽新品种（系）选育与创新利用、动物饲料营养及牧草等新型饲料资源开发利用、畜禽和水产的新发或重要动物疫病综合防控技术、畜禽健康养殖技术和粪污无害化处理与综合利用技术、畜禽安全食品生产体系构建等领域，强化科技攻关，为我省养殖业健康可持续发展提供科技支撑。

（1）福建省农业科学院畜牧兽医研究所

优质特色畜禽新品种（系）选育与高效养殖、福建省优势特色畜禽地方品种资源种质特性的基础研究；优质特色畜禽新品种（系）选育与创新利用；优质特色畜禽新品种（系）高效养殖关键技术研究与示范应用。

动物饲料营养及新饲料资源开发利用：福建省地方畜禽品种营养需要及产业化健康养殖技术；母猪氨基酸营养需要及生殖营养源调控技术；新型功能性饲料添加剂；牧草饲料新资源开发利用技术。

畜禽重要疫病研究及其综合防控：畜禽新发疫病免疫保护性基因的功能研究；畜禽新发疫病病原致病机理及毒力基因研究；畜禽重要疫病病原小种变异及其危害评估；畜禽新发和重要疫病病原学研究、快速诊断技术研发、疫苗和免疫抗体制剂研究以及防控技术体系的建立与应用；外来动物疫病的快速检测技术及群体监测。

（2）福建省农业科学院农业生物资源研究所、福建省农业科学院农业质量标准与检测技术研究所、福建省农业科学院畜牧兽医研究所

畜禽健康养殖和环境控制、微生物发酵床技术集成与示范；新型设施养殖

及畜禽舍内环境控制技术；养殖废弃物综合处理技术；饲料营养调控与养殖环境安全技术；畜禽产品病原污染检测技术集成与应用；药物残留快速检测技术集成与应用；畜禽产品主要污染物风险评估技术；无公害畜禽产品生产技术。

（3）福建省农业科学院生物技术研究所

水产病害防控与健康养殖、危害福建省主要经济水生动物的病毒性、细菌性以及寄生虫病病原研究；研究其免疫机理、免疫防控技术；建立盐度广适性的实验鱼模型；研发口服型免疫制剂、新型免疫制剂、功能性饲料添加剂、抗生素替代等。

（4）福建省农业科学院生物技术研究所、福建省农业科学院农业质量标准与检测技术研究所

设施渔业基础设施设计与建造；水环境智能测控系统研发；产业信息化服务平台建设。

9.2.2.4 农业生态与土壤肥料

立足农村经济和社会发展中亟待解决的土、肥、水、气及其环境保护问题的关键技术领域，开展创新性研究，突破一批共性关键技术，为农业资源持续利用、生态功能持续保持、农村环境优美和谐提供技术支撑。

（1）福建省农业科学院农业土壤肥料研究所

土壤资源规划与化学肥料减量化技术、土壤（资源）合理利用与地力提升；退化（污染）耕地综合治理与阻控；耕地质量保护与监测；土壤养分循环过程；农业产地环境与无公害农产品生产。

新型植物营养和肥料的研发与应用：植物营养与养分高效利用；化肥减量提效关键技术与面源污染治理；农业废弃物资源化利用；农业微生物资源收集与开发利用；新型肥料（缓释肥、生物有机肥、可溶性肥料、土壤调理剂等）研发；绿肥种质资源收集与综合利用。

（2）福建省农业科学院农业生态研究所

草生种质资源的挖掘与创新利用：红萍资源挖掘利用；优良野生牧草种质资源收集、发掘、利用；抗旱、耐寒、耐瘠、高产优质的热带牧草新品种（系）选育；牧草（药用植物）资源开发、标准化评价、高效生产与饲料添加剂加工等关键技术。

农业生境自动观察站建设及其大数据采集、农业生境大数据采集系统建

设；绿色农业生产、农业面源污染防治、农村废弃物资源综合利用等低碳、绿色、循环生态农业关键技术；现代生态农业装备与信息化技术；生态补偿机制。

农业固碳减排与清洁生产：果茶园固碳减排技术；生物质炭生产与利用；农业适应气候变化技术与策略；农业温室气体排放核算与清单编制；农业清洁生产技术。

生态农业经济区的建设理论、机制、体制；生态农业经济区建设规划；生态农业经济区发展对策等。

农业生产废弃物资源化利用：农药残留微生物降解技术研究；微生物发酵床养猪关键技术集成与示范推广；养殖业动物粪便的微生物处理及其资源化利用；养殖环境及饲用益生菌制剂研究。

9.2.2.5 植物保护与生物防控

（1）福建省农业科学院农业植物保护研究所

以提升植保防灾减灾水平，增强重大病虫疫情监测预警和防控处置能力为目标，围绕有害生物预警监测、灾变机制、绿色防控的理论和技术，强化自主创新与成果转化，为保障粮食安全、农产品质量安全、生态环境安全，促进农业可持续发展提供科技支撑。

重要病虫害与入侵生物的致害机制：从分子、细胞、个体、种群、群落等层面揭示植物病虫害与入侵生物灾变机制。建设昆虫（螨类）标本馆和植物病原资源库。

植物病虫防控新技术与农药减量使用技术：有害生物防治指标与化学农药限量标准；新型药械、航空植保等专业化统防统治技术；有害生物的物理防控、生物防治等绿色防控技术；生物源活性成分资源开发应用；植物抗虫性、抗病性评价；农药田间药效评价与环境安全性评价。

昆虫资源挖掘与应用：新型捕食性、寄生性天敌、食用昆虫、资源昆虫的挖掘、功能及安全性评价。

植保信息化：智能信息处理技术、地理信息系统、移动互联网技术、物联网技术、信息资源聚合与服务等信息技术。

（2）福建省农业科学院农业工程技术研究所

农业环境工程技术、新农村人居环境景观生态安全及保护技术；数字化景观理论与规划设计应用；特色景观植物资源；农业环境生态系统污染物复合污染的环境效应、迁移过程行为、形态转化机制和生态风险；农业生物质降解、转化利用的环境工程技术，沼气工程技术、农业废弃资源高效利用设施设备、环境微生物等。

（3）福建省农业科学院农业植物保护研究所、福建省农业科学院农业质量标准与检测技术研究所

重大病虫疫情监测预警技术：主要农作物病虫害的种群变化和抗药性的长期定点监测分析；基于现代分子生物学及免疫学的有害生物快速检测技术；基于物联网的农业害虫预警监测智能技术；入侵生物风险评估与扩散机制。

9.2.2.6 农业微生物与食用菌

围绕微生物新资源、微生物农药、微生物肥料及制剂化技术、功能性益生菌、农业生产废弃物资源化利用，食用菌育种、工厂化制种及栽培技术、保鲜加工及产品开发等领域，加强科技攻关，有效解决农业微生物产业发展的核心技术问题。

（1）福建省农业科学院农业生物资源研究所

农业微生物资源研究与利用：芽孢杆菌、乳酸菌、植物病原菌、动物病原菌、食用菌等资源的收集、整理、保存、利用，新种发现，功能基因、功能物质、微生物酶等新资源挖掘与利用，资源库及其信息管理系统建设。农业微生物基因组学，物质组学，蛋白（酶）组学，脂肪酸组学。基于物质组学、基因组、脂肪酸组、酶学组的农业微生物系统发育与进化关系分析。

微生物发酵技术及装备研究与应用：耗氧—厌氧发酵一体化技术与装备，植物乳酸菌饮品发酵技术与装备，发酵后处理技术与装备，发酵原料前处理技术与装备，食品发酵技术与装备，微生物固体发酵技术与装备。

微生物菌剂研制与应用：微生物新型资源；微生物农药、微生物肥料、微生物促长、微生物保鲜、微生物降污、微生物腐熟、微生物益生菌等剂化技术。

（2）福建省农业科学院生物技术研究所

植物疫苗研究与应用：植物疫苗工程菌转基因体系、基因工程菌免疫指数测定体系、接种后的免疫水平测定体系；转基因植物疫苗生产性实验，植物疫苗作用机理，植物疫苗发酵工艺与制剂技术等。

（3）福建省农业科学院农业工程技术研究所

植物蛋白乳酸菌饮品直投式发酵剂研发：植物原料发酵乳酸菌菌株；乳酸菌微生物学和发酵特性；发酵剂菌粉制备工艺；从果蔬原料到乳酸菌饮品的生产工艺；植物原料发酵乳酸菌系列产品研发。

（4）福建省农业科学院食用菌研究所

食用菌制种与栽培技术、食药用菌种质资源库的完善、评价与创新利用；绣球菌生理生化及生长发育机理研究；珍稀食用菌新品种驯化及栽培；食用菌工厂化生产专用新品种选育及配套栽培技术研究；食用菌工厂化制种技术研究；食用菌保鲜加工及产品开发。

9.2.2.7 现代组学与生物工程

加强资源整合，开展作物功能基因组学、代谢组学、蛋白质组学研究，阐明性状形成的生物学基础，充分利用现代生物育种技术，为作物新品种选育提供科学手段。

（1）福建省农业科学院生物技术研究所

现代组学研究，开展植物与动物现代组学研究，完成一批水稻、茶树、果树、蔬菜、花卉、优质鸭等动植物种类全基因组测序，进行基因组学、代谢组学、蛋白质组学研究。

水稻分子育种研究：新型安全转基因水稻培育技术；新 Bt 基因改造修饰和抗同翅目转基因稻；安全无标记抗虫转基因水稻；新型抗除草剂水稻；利用转基因技术调控稻田甲烷释放。

生物工程研究：转基因植物、动物、微生物等生物工程；转基因水稻、花卉、牧草等作物新品种；水产病害基因工程疫苗；微生物转基因生物反应器。

植物免疫分子机制研究：植物基础性免疫机制；植物细胞程序性死亡分子机制；抗病基因介导植物抗性的分子信号网络解析；病原效应蛋白功能及其与植物标靶互作机制。

（2）福建省农业科学院生物技术研究所、福建省农业科学院水稻研究所

水稻功能基因组学：水稻生殖发育相关基因的克隆及利用；水稻重要农艺性状 QTL 定位；利用基因组编辑技术定点突变水稻重要农艺性状基因。

水稻抗病性遗传基础及抗病基因挖掘：我国水稻主要栽培品种或育种材料重要抗稻瘟病基因位点的分子鉴定；我国优异抗病水稻资源主效抗稻瘟病基因

挖掘及应用；水稻稻瘟病水平抗性基因资源挖掘及应用；耐储藏水稻基因分子改良。

农业转基因生物安全监管：建立转基因研发单位与科研活动备案系统、转基因安全评价试验监管系统、转基因产品监管调查协作系统；转基因安全信息公众信息平台（网站）建设；转基因作物品系的环境安全性评价；作物—土壤微生物互作研究。

（3）福建省农业科学院作物研究所

蔬菜生物技术研究，针对蔬菜主要农艺性状和抗逆性状，系统开展功能基因组学、代谢组学、蛋白质组学及生理生化研究。分离并解析蔬菜产量、品质、抗病、抗逆、营养高效等重要性状的功能基因，阐明蔬菜重要性状调控机制；苦瓜、丝瓜等蔬菜的测序；蔬菜分子育种（转基因育种、分子标记辅助育种）、分子设计育种、细胞工程育种。

（4）福建省农业科学院农业生物资源所

环境微生物组学研究，土壤微生物组、植物内生物微生物组、动物内生物微生物组、发酵床微生物组、动植物病原微生物组等测序分析、群落动态、进化演替，阐明环境微生物组功能、作用、调控机制。微生物发酵床大栏养猪垫料的宏基因组测序与分析。

9.2.2.8 农业工程技术所、质标所食品加工与质量安全

充分挖掘农产品质量安全风险评估、检测技术与农产品加工技术潜力，强化农产品质量安全风险评估与农产品加工学科建设，加强农产品检验检测与加工关键技术攻关，为全省农产品加工与安全生产提供技术支撑。

（1）福建省农业科学院农业工程技术研究所

食品资源，大宗或特色果蔬、食用菌等农副产品原料品质学；食品微生物的引进、收集、筛选、保藏技术；加工原料品质数据库、食品特异菌种种质资源库建设。

食品加工：食品加工的基础与应用基础研究，行业关键共性技术；食品加工新技术、新工艺及新产品；福建特色药食两用资源、保健食品的产品初开发；食品加工的质量控制及功能性营养评价。

农产品副产物高值化利用：以生物技术为核心，研发农产品加工副产物的功效成分提取、高值化产品加工技术。

（2）福建省农业科学院农业质量标准与检测技术研究所

农产品质量安全，开展农产品中药残、重金属、微生物污染等危害因子质量安全风险评估，研发追溯系统等农产品质量安全监管技术；制（修）订农产品质量标准。

食品安全联合虚拟实验室：建立院联合虚拟实验室，开展科研攻关、检测技术研发及产业安全信息交流，实施院级实验室认证和规范管理，推进我院实验室大型仪器设备的协作共享和集成。

9.2.2.9 闽台合作与农村经济

福建省农业科学院农业经济与科技信息研究所：以农业经济、台湾农业、农村发展、农业信息等研究为重点，以决策需求、市场需求和社会需求为导向，拓展研究广度和深度，逐步提高农业经济、农业信息、农业规划咨询、农村发展的战略决策咨询研究能力，构建在福建乃至全国有一定影响、以台湾农业与两岸现代农业合作为专业特色的高端智库。

台湾农业与两岸合作：围绕台湾现代农业发展政策、产业升级策略、精致农业经营管理等重点领域，开展台湾农村再生、社区营造、产业融合、农产品营销、安全农业等核心发展策略的专题研究和两岸农业科技交流、产业合作重大问题研究。

农业现代化发展战略：福建农村新型城镇化、城乡一体化发展对策；特色现代农业发展评价与战略；农村新型生产经营体制与新型农业经营主体、福建农民创业园建设、新兴农业发展策略等重点、热点问题；福建粮食安全问题战略与对策，农村农地制度、精准扶贫机制。

区域农业产业发展战略：福建省县市等区域特色现代农业学科发展、农业技术发展、农业产业发展研究，区域（市、县级）"十三五"现代农业规划及项目咨询、决策服务应用创新。

生态文明与美丽乡村建设：福建省农业绿色转型发展路径与对策，探索生态农业经济区的理论与方法，美丽乡村建设的产业调整和经营模式，乡村休闲农业、社区农业及其管理政策、制度创新，农村生态文明建设的政府推动策略等。

科技服务"三农"长效机制创新：科技服务"三农"商业化模式构建，科技成果转化绩效评价体系的构建与运用，农业产业技术创新联盟构建与对策，农业科研院所科技管理体制改革与创新等政策。

9.2.3 福建省农业机械化研究所

9.2.3.1 现代农业装备

建成 1 个现代农业装备科技创新中心，组建"经济作物生产与加工机械化研究""设施农业自动化研究"和"农业机械化装备检测技术与标准研究"科研创新团队，造就一支精干高效的创新队伍，培养一支稳定的农业机械研究团队。围绕提高农业综合生产能力，推进农业产业结构调整，促进农业高产、优质、高效的需求，解决在农业机械化过程的关键共性技术难题。重点开展耕作、种植和收获机械化；粮食作物、果蔬、中药材采后处理和初深加工机械化技术与装备；茶叶生产机械化、食用菌生产机械化和自动化关键技术研究。

9.2.3.2 木工机床与刀具

开展木工机床新产品的试验、研究、设计，重点围绕锯切类、旋切类、车床类、刨床类、砂光类、钻孔类、压力胶合类、表面处理类、油漆涂装类、木材处理类木工机床与木工刀具的研究。

9.2.3.3 汽车零配件

充分利用科研成果产业化的重要载体——福州安远公司汽车电器有限公司，重点围绕汽车仪器仪表、空调控制系统、电器开关、控制模块产品等开展技术创新和科研成果的中试与产业化。

9.2.3.4 智能仪器仪表及信息采集系统

围绕智能仪器仪表、现代化设施农业信息采集与控制等领域开展研究。重点开展四合一智能多功能计量终端（计量、配变、负控、集中器）、建筑能耗分析系统的研究；利用在新能源（太阳能及锂电池）、传感技术（信号采集）、无线信息通信技术和微电子技术上的优势，重点开展太阳能智能滴灌系统、设施农业信息采集控制系统与经济作物深加工智能化生产线与销售系统信息化等关键技术研究，开拓现代化农业装备新领域。

9.2.3.5 工程机械

结合福建省农业发展方式转变和农业结构调整，重点针对农业基本建设的中小型挖掘机等土方工程机械开展研究。

9.2.3.6 节能环保、新能源设备

根据福建省战略性新兴产业发展方向,重点围绕节能环保、新能源,组织开展研究节能环保型生活垃圾、污水、污泥处理、农业废弃物处理处理设备的研究。针对太阳能、风能等天然资源的转化过程对大功率、小体积的动力电源进行充电的转化的核心技术开展研究,突破制约环保、新能源产业发展的关键核心技术。

9.2.3.7 现代制造工艺及其设备

充分利用科研成果产业化的重要载体——福州安远精密制模有限公司,重点围绕高亮无痕、双色注塑及模内切等先进模具制造技术进行创新,研究开发注塑加工过程数据自动化采集系统,实现自动化、无人化注塑生产,为先进的模具开发、注塑生产技术提供示范推广。利用在焊接、热处理、铸造工艺技术等领域的资源优势,开展新材料、新工艺、新技术的研究应用。

9.2.3.8 电机及泵类产品

结合福建省电机及泵行业发展特点与需求,重点开展高效电机设计、材料和工艺的研究,重点开展泵水力模型优化设计技术与泵系统节能技术研究;针对电机及泵行业关键共性技术,组织开展诊断辅导,帮助行业企业淘汰落后技术工艺,采用先进制造技术,提高工艺和工装水平,通过企业技术创新促进产品结构的优化调整。

9.2.3.9 自动化装备

重点围绕农业设施自动化与农产品在线检测控制设备开展研究。针对我省的特色水果柚子、柑橘、枇杷、龙眼、荔枝与茶叶等,在包装前,对其进行包括理化、农药残留量、污染物、药物残留量等各项指标在线检测,实现农产品质量安全可追溯。与福建省农业科学院共建联合研发中心,开展智能温室种苗工程化研究。针对汽车零部件、模具等行业产品精度高的技术需求,开展生产过程自动化与在线检测研究,提高企业的生产与产品质量控制水平。

9.2.4 福建省淡水水产研究所

9.2.4.1 养殖品种繁、选育与产业化领域

开展斑鳜、大刺鳅、银盾鱼、棘胸蛙、泥鳅、半刺厚唇鱼等品种苗种规模化生产技术研究和养殖工艺研究;以现代先进生物技术,开展罗非鱼和泥鳅良

种选育；使上述 3~5 个品种形成育、繁、推一体化的产业技术体系。

9.2.4.2 水产养殖动物病害防控领域

对福建省重要养殖品种的重大疾病开展调查与防控技术研究，对病原快速检测技术制剂和免疫防控技术为重点，解除重大病害形成的威胁，形成 2~3 个制剂可应用于生产；对海水养殖动物进行病害调查与防控技术研究，力争五年内在海水养殖动物病害研发方面赶上省内先进水平。

9.2.4.3 水生动物营养与饲料领域

以营养与代谢调控、营养与水产品品质及安全为重点，开展环境友好型高效配合饲料和功能性绿色添加剂的研发。形成生产应用的制剂或饲料配方 2~3 个。

9.2.4.4 养殖环境调控与水产品质量安全保障领域

以养殖环境调控技术为重点，开展循环水、微生态制剂、鱼菜共生、水环境关键要素快速检测技术和藻华控制技术研究，形成 1~2 个能广泛应用于生产的水质控制技术；针对养殖过程药物使用情况，开展残留检测技术和药物代谢动力学研究，制定 2~3 个药物安全使用规程。

9.2.4.5 海洋生物资源利用领域

以海水珍稀品种苗种繁育、养殖技术为主导，突破 3~4 个品种的规模化苗种培育和养殖技术；积极开发海洋活性物质的功能应用，研发出 1~2 个能有效应用于养殖的海洋活性物质。

9.2.4.6 水生生物种质资源保护与开发领域

以渔业资源调查为重点，开展增殖放流效果评估和外来水生生物种类的控制，修复生态，保障渔业经济发展。

9.2.5 福建省水产研究所

9.2.5.1 水产种质资源与遗传育种

围绕国内外海洋经济生物的种质资源开发利用、遗传育种基础和应用研究，开展福建省重要水生生物种质资源收集、保存和遗传背景分析；从分子、细胞、个体和种群水平研究主要水生生物经济性状的遗传规律，将传统育种方法与分子生物学技术相结合，开展遗传改良和新品系的培养，建立育种技术新体系。

9.2.5.2 水产增养殖技术与渔业设施

开展海洋生物人工繁殖育苗技术，新品种引进驯化及健康养殖技术；水产养殖防灾减灾、节能减排设施技术，渔业装备与设施养殖技术；渔业资源增殖与保护技术，远洋渔业探捕与负责任捕捞技术。

9.2.5.3 水产养殖环境与病害防控

开展养殖水域环境监测与评价，研究养殖环境污染机制及其对养殖生态环境的影响，探讨养殖水域环境容量、污染调控及生态修复技术。针对水产养殖重大病害问题，开展病原生物学及流行病学研究，疾病早期快速诊断技术及预警预报技术，免疫与生物制药防治技术，养殖环境调控技术及综合防控技术。

9.2.5.4 海洋生物资源高值化利用

开展海洋生物资源高值化开发技术研究与应用，针对大宗鱼、虾、贝、藻类等海洋生物资源，进行原料物性、产品贮藏、保鲜理论、精深加工技术研究及产品开发；针对福建特色海洋生物资源、开展活性物质提取分离、结构改性、活性评价和毒理研究，开发功效显著、成分明确的新型功能性食品、海洋生物材料、海洋农用产品和海洋生物源化妆品。

9.2.5.5 水产品质量评价与食用安全控制

以渔药、农药、重金属、持久性有机污染物、环境内分泌干扰素、海洋生物毒素等影响水产品质量安全的污染物为主要对象，开展污染物残留的检查技术研究；有毒、有害物质在水产品中的积累、代谢及残留量变化规律研究；水产品质量安全危害识别、风险评估、预警及监控技术研究以及水产品质量安全标准化及示范基地建设。

9.2.6 福建省闽东水产研究所

9.2.6.1 水产生物育种、养殖与营养

（1）水产种业创新和产业化

在进行主要经济鱼类（如大黄鱼、黄姑鱼、鲈鱼等）和大宗藻类（海带、紫菜）、贝类（缢蛏、鲍等）规模养殖的同时，开展种质库建设、良种选育、良种示范推广及饲料营养、病害防治等研究，并制定相应的养殖标准，提高养殖良种覆盖率，提高水产品的品质和产量，明显增加养殖效益，以推动种业创新和产业化发展。

（2）健康高效养殖模式的研究与开发

立足生态保护，开展适宜福建沿海的围网、湾外深水抗风浪网箱以及高位池塘、陆基工厂化循环水等健康高效养殖模式的系列研究，包括设备、饲料营养、养殖工艺等综合配套技术，并制定相应的技术规程、规范，从而指导生产，改善养殖结构，促进养殖业的健康可持续发展。

（3）海水鱼类绿色无公害饲料的开发与应用

针对传统的直接投喂鲜杂鱼养殖方式，着力研发适应海水鱼类生长的新型高效、低碳环保的颗粒饲料，逐步替代鲜杂鱼饵料。使研发的饲料能根据鱼不同生长阶段的营养需求调整营养水平，从而提高饲料效率，降低成本，明显减少养殖对鲜杂鱼的依赖性，同时还能减少疾病发生，减少残饵对海区水质的污染。

9.2.6.2 水产生物病理学与病原生物学

（1）病原体与环境因素和宿主抗病力等的相关性研究

通过对多发、危害大的病原体（细菌、病毒、寄生虫）的形态学、生态学和分子生物学以及其环境条件、宿主特性的研究，明确它们之间的相互联系，从而制定出健康、有效、易操作的病害防控措施。

（2）药物防治病害效果的研究

研究各常用渔药对不同水生生物病害的作用机理，针对目前水产养殖中的常见病害，筛选出安全、高效、速效的渔药以指导和应用于渔业生产。

9.2.6.3 水产品加工

（1）海水鱼类精深加工技术与工艺研究

针对目前海水鱼类加工品多是冰冻、半干或腌干制品，且加工的副产物如鱼卵和鱼鳞等宝贵资源没有进一步开发利用的现状，通过引进人才和技术，或与企业、高校大所合作，开展海水鱼类高值化和精深加工综合利用，有效延长海水鱼类的产业链、提高养殖鱼类的附加值，提升产业的经济效益。

（2）海藻精深加工技术与设备研究

同时通过对紫菜、海带等海藻加工设备的改进及其精深加工技术的研发和应用推广，提高产品附加值，延长海藻产业链，加强海藻加工产品的市场竞争力。

9.2.7 福建省热带作物科学研究所

9.2.7.1 果树部分

柚类种质资源收集、保存与评价研究；琯溪蜜柚的植保、土肥等相关栽培配套技术的研究与推广；柠檬种质资源的收集、保存、鉴定评价与筛选，同时，开展优异柠檬种质生理生化方面研究；香蕉选育种。

9.2.7.2 蔬菜部分

开展芦笋选育种研究；开展茄科蔬菜设施反季节栽培技术研究工作；辣木的引种试种工作，选育种及栽培技术研究。

9.2.7.3 花卉部分

野牡丹科植物种质资源的收集、鉴定评价与利用及选育种研究；赫蕉植物种质资源的收集与创新应用研究；热带花卉生理生化及分子育种研究。

9.3 医药卫生（4所）

9.3.1 福建省中医药研究院

9.3.1.1 经络研究所

2017年，经络研究所各项研究工作紧紧围绕利用现代生物和医学以及其他相关学科的理论和技术研究中医经络学说，探讨经络的实质的重点发展方向进行。2017年，经络研究所承担课题20项，其中国家自然科学基金3项（面上项目1项，青年项目2项），福建省科技厅自然科学基金面上项目4项，福建省科技厅省属公益类科研项目7项，其他厅级项目6项。发表论文15篇，其中CSCD收录3篇；出版论著1部，《胡翔龙——经络研究50年》。研究成果"经络调控机理与内脏机能调节关系的研究"获得中华中医药学会科学技术奖三等奖。

9.3.1.2 药物研究所

药物研究所承担中药新药的研发、中药健康产品研发和福建青草药开发利用等方向的工作，是中医药研究院药物研发的主力军。2017年共承担各级纵向课题20项，包括1项国家级太子参标准化建设项目。新中标卫计委青年项目1项，省属公益类自主选题项目2项。在课题项目的资助下开展的研究，

2017年共发表科研论文10篇，其中SCI论文2篇。作为药物研发的公共平台，2017年度药物所新承担了9项对外横向项目。

9.3.1.3 睡眠研究中心

睡眠研究中心是福建省中医药防治老年脑功能障碍重点研究室，依托3个福建省中医药科研实验室（二级）以及国家中医药管理局林求诚名老中医药专家传承工作室和福建省黄俊山名老中医药专家传承工作室，开展以下3方面研究。

一是建立中医特色失眠专科门诊。二是各类型失眠中医辨证规范化、证候特点及中医药新治法、新方药的临床评价与优化研究。三是中医睡眠理论的科学内涵以及安神类中药、复方防治失眠的内在机制探索。该中心在黄俊山教授的带领下，本着"为学术建设服务、为公众健康服务、为产业发展服务"的宗旨，致力于开展中医睡眠障碍医学的科学研究和医疗服务，提升公众健康睡眠意识和水平，加强学科和产业的自主科技创新工作，促进科技成果转化和推广。

9.3.1.4 骨质疏松证候基因组学重点研究室

福建省中医药骨质疏松证候基因组学重点研究室为2013年福建省卫生厅审核批准的第二批重点研究室，从事骨质疏松证候关联基因研究和中药治疗骨质疏松研究的基础和临床研究。研究室在葛继荣研究员的带领下，建立了一支稳定的研究队伍，是一支多学科交叉、年龄结构合理的科研队伍。经过研究室全体成员的多年努力，近10年承担了8项国家自然科学基金及省厅级等40余项骨质疏松系列课题，培养了9名硕士研究生，在国内核心杂志发表60多篇骨质疏松学术论文。

该研究室采用病证结合模式开展骨质疏松研究，充分利用现代组学及生物信息学技术，在绝经后骨质疏松症肾阴虚证关联基因的机制研究和验方续苓健骨方治疗骨质疏松方面取得了一定成绩，达到国内先进水平。2011年，研究室"原发性骨质疏松症中医证候联合遗传基因多态性的应用研究"获得中华中医药学会科技奖三等奖；研究室主任葛继荣研究员牵头撰写并发表《中医药防治原发性骨质疏松症专家共识（2015）》，在国内具有较大的影响力；2015年，在"第十三届国际骨矿研究学术会议暨第十五届国际骨质疏松研讨会"上，研究室获得"创新团队奖"。

9.3.2 福建省医学科学研究院

9.3.2.1 福建道地药材资源开发与利用

采用分子生物学与药物化学相结合技术，开展福建道地药材及濒危品种资源分布与遗传多态性、中药材优质品种栽培采收与加工、道地中药材化学品质控制等研究，相继参与了国家中药现代化科技产业（福建）基地建设项目、福建中药材 GAP 技术平台及示范基地建设项目等，并以福建省中药资源开发与利用重点研究室为依托，为我省中药材 GAP 规范化种植生产提供有力的技术支撑。2014 年，福建省医学科学研究院主编出版《福建道地药材现代研究》，重点反映分子生物学技术与现代化学分析技术等在福建 30 多种道地药材育种选苗、栽培管理、质量控制与品质评价中的最新研究成果，对福建省中药资源保护、质量控制与开发利用具有较高的实用价值。

9.3.2.2 基因检测技术在疾病诊断中的应用研究

福建省医学科学研究院是福建省内最早开展耳毒性药物致聋与药物性基因检测研究的单位。2005 年开始，通过筛查线粒体 DNAA1555G 和 C1494T 突变，相继发现 5 例携带药物性敏感性线粒体突变的先证者，其中 C1494T 突变患者是我省首例该位点突变患者。2015 年，一种检测基因 1555 位 A-G 与 1494 位 C-T 突变的试剂盒获得国家发明专利授权。近年来，以福建省医学测试重点实验室为依托，引进了国际先进的焦磷酸测序仪、全自动核酸提取纯化仪等，建立了稳定有效规范的筛查方法并对社会公众提供服务。同时，福建省医学科学研究院还分别与省残联、省聋协合作，在福州、龙岩等地举办大型公益活动，为耳聋患者提供免费咨询与基因检测，帮助耳聋患者明确耳聋分子病因，指导优生优育与合理用药。

9.3.2.3 肿瘤免疫学研究

食管癌作为世界第八大肿瘤，发病人数约占世界肿瘤患者总数的 4%，其发病具有明显的遗传性和地域性，食管癌在亚洲地区尤其高发。食管癌主要分为两类：食管腺癌 (esophageal adenocarcinoma，EA) 与食管鳞癌 (esophageal squamous cell carcinoma，ESCC)。其中，食管鳞癌是我国食管癌的主要组织学类型。食管癌具有高发生率和高致死率的特征。目前食管癌的疗效和预后很差，5 年总体生存率仅为 15%~25%。因此，研究其发病机制，寻找早期诊断及治疗的靶点具有重要意义。

研究通过分析临床食管癌组织样本、食管癌癌前病变组织以及正常食管组织中 KDMlA 表达水平，通过 Transwell 侵袭实验检测食管癌细胞株 Eca-109,TE-1 的侵袭性，同时利用 western blot 和实时荧光定量逆转录 PCR 技术检测 KDMlA 蛋白、KDMlA mRNA 在各个细胞株中的表达，并分析其与食管癌细胞株侵袭性的相关系。通过 RNA 干扰技术抑制食管癌细胞株 Eca-109 中 KDMlA 的表达，同时利用 MTT 细胞增殖实验、Transwell 细胞侵袭实验、FCM 细胞凋亡实验检测 KDMlA 的表达对食管癌细胞株增殖、侵袭、凋亡以及糖酵解效应的影响。探讨 KDMlA 在食管癌的发生和发展中可能起到的作用，为食管癌发生发展机制的深入探讨以及临床诊断和治疗奠定初步基础。

9.3.3 厦门大学抗癌研究中心

9.3.3.1 重点学科建设与优势研究领域的发展

2016 年，厦门大学抗癌研究中心获得建设厦门市肿瘤侵袭转移转化医学重点实验室。2017 年，中心围绕建设重点实验室的要求开展科研工作，形成两个主要研究方向，一是通过研究与肠癌密切相关的信号通路及通路中的关键分子，阐释消化道肿瘤的发生发展及侵袭转移机理。二是新型肿瘤诊断试剂与治疗药物的开发。既通过肿瘤分子药物靶点去筛选中药，又可以检测抗癌中药单体对靶点的效果，筛选具有明显抗癌活性的中药单体加以利用改造，开发靶向性抗肿瘤药物。

消化道肿瘤基础与应用研究是抗癌研究中心的重点建设学科与优势研究领域，也是中心在"十三五"期间唯一的重点建设与发展的重点学科与优势研究领域。中心将利用公益类专项经费与仪器设备专项经费，在"十三五"期间，持续重点支持围绕消化道肿瘤基础与应用研究这一重点学科的两大科研团队：一是以胡天惠、宋刚教授为主的消化道肿瘤分子基础与应用研究团队；二是以颜江华、李东辉教授为主的消化道肿瘤分子诊治新技术研究团队。充分利用厦门大学综合性大学的资源优势，促进基础与基础，基础与临床学科间的交流与合作，促进研究机构与企业交流与合作，力争建立一个以中心消化道肿瘤研究团队为核心的消化道肿瘤转化医学创新研究中心或平台，并力争申报获省、市级立项支持。

9.3.3.2 平台建设

重点加强消化道分子肿瘤学研究平台与分子检测技术研究平台建设,为科研和技术服务提高良好支撑。

9.3.4 福建省人口和计划生育科学技术研究所

9.3.4.1 组建科研平台

组建国家卫生和计划生育委员会委级"非人灵长类生育调节技术评价重点实验室",完善非人灵长类动物实验技术服务平台。

9.3.4.2 基础研究和应用研究

重点开展人类疾病动物模型的建立及生殖生物学研究、生育调节基础及应用研究、新型避孕节育技术及药器具推广、落实"流产后计划生育技术服务（PAC）"推广、药代动力学及药效学试验研究、分子遗传学研究、生殖健康普及教育模式研究。

9.4 其他领域（8所）

9.4.1 福建省计量科学研究院

福建省计量科学研究院承担的国家质检总局科技计划项目"60MN叠加式力标准装置"突破了超大力值计量标准建立的核心关键技术,在国际上首次研制出60MN高准确度超大力值标准装置,国际计量联合会力值委员会（IMEKO TC3）主席等国内外专家、同行评价是目前世界上量程最大、准确度最高的超大力值标准,达到国际领先水平。实验室牵头承担的国家重大科学仪器设备开发专项项目"高精度衡器载荷测量仪开发和应用"项目（国拨资金2 790万元）在国际上首次突破非砝码检定电子汽车衡的方法,可以实现对电子汽车衡快速、准确、高效检定,解决了基层计量技术机构检定衡器难的问题,填补了国际建议中独立辅助检定装置的空白,项目成果达到国际领先水平。此外还形成了多分量传感器、传感器疲劳特性研究、兆牛顿力可追溯性、无线智能称重系统等一大批科研成果。研究团队还受邀代表中国参与欧洲计量联合研究计划（EMRP）,为其超大力值研究提供验证标准,增强我国在国际力值计量领域研究的地位和话语权。重点发展方向如下。

9.4.1.1 建成全国唯一的高精度载荷测量仪检定装置

依托国家重大科技专项，建成全国唯一的高精度载荷测量仪检定装置，并就目前的国家计量检定系统表进行修订，影响深远。同时将以"60MN叠加式力标准装置重点实验室"为依托，开展力值的量值传递、进行相关标准和技术规范的研究与制定，同时，全面覆盖力值计量领域里标准测力仪、负荷传感器、大吨位千斤顶等产品的质量检验，对其性能进行深入研究，不断提高其产品质量和性能，为工业的持续快速发展提供强有力的保障。

9.4.1.2 依托在建的3个国家中心提升科研能力

（1）提升光伏产业计量测试水平

加强计量测试服务公共平台建设，在完成国家光伏产业计量测试中心筹建的基础上，进一步加强光伏产业计量测试的科研开发，预期将在太阳电池/组件转换效率测量、参考太阳电池的微分光谱响应法（DSR）、太阳模拟器校准装置、光伏组件可靠性与耐久性研究、光伏电站电能质量测试等测量仪器研制、测试技术研究及平台建设等方面有所突破。

（2）完善能源资源计量服务体系

按照"数字福建"综合应用平台建设要求，以完善福建省能源计量数据公共平台为重点，进一步加强国家城市能源计量中心（福建）建设。加快制修订一批急需的产品能耗限额标准、用能产品能效标准、建筑能耗标准。支持计量及相关节能技术机构开展能效评价、能效测试及能效标识检测等节能技术服务，促进节能服务产业的发展。

（3）依托蒸汽流量实流标准装置建设国家蒸汽流量计质检中心

开展蒸汽流量的量值传递，加强蒸汽流量计技术研究，积极组织相关的标准研究与制定，设立开放式实验室，使之成为蒸汽流量技术交流中心、蒸汽流量计量器具研发合作平台及蒸汽流量计技术人才培养基地。

9.4.1.3 依托成果推广转化平台服务经济社会发展

重点支持研究成果具有产品化前景的科研项目，对历年完成的科研成果进行梳理，推出一批对提升我国计量服务能力和检测技术水平的产品，将通过纸媒、新兴媒体推广宣传推广转化产品，加大推广力度，进一步打开市场，提升产品知名度和市场占有率。借助"国家质检科技成果转化基地"平台构建"检产学研"相结合的计量科技创新体系，参与计量科技成果转化，推动计量器具产品质量提升及产品更新换代，提升计量科技创新水平及服务能力，提高福建省企业整体计量技术水平。

9.4.1.4 应急研究计划

围绕福建省重点产业、战略性新兴产业的检测需求，研究相应计量测试技术，制定产业计量急需的产品标准，研发产业专用检测、测试装置的研究，以满足产业技术创新对计量技术和方法提出的新需求。

9.4.2 福建省科学技术信息研究所

9.4.2.1 科技情报研究

以科技发展战略、产业与技术竞争情报、专利情报与知识产权分析评议等为主要研究方向，先后为省委省政府、省科技厅各级领导提供《虚拟现实（VR）产业发展综述报告》等近 50 份产业发展分析报告，完成《福建科技简报》（原名《科技最新动态》）《台湾科技文献通报》《福建省台湾文献信息中心信息专报（科技动态版）》等科技简报的专题研究。

9.4.2.2 科技评估

以服务企业技术创新的科技查新，为政府部门提供科学决策参考的科技评估为主要研究方向，多年来为科技创新活动提供了上万次优质、高效的新颖性查新服务；先后开展了省科技重大专项中期绩效评估等数十项科技评估任务以及相关研究课题，"以证据为基础"情报＋评价方法改变了同行评议法主观性强的弊端。

9.4.2.3 科技统计研究

以情报研究的视角和方法结合科技统计数据的分析研究为主要研究内容，为政府管理部门出思路、出战略、出对策措施等提供精准数据服务。近两年来，不断强化对统计数据的分析研究，编辑出版《福建科技统计研究专报》，其中《我省 2017 年 R&D 经费投入情况国内对比分析》一文被省科技厅简报《科技最新动态》全文刊载送省领导参阅。通过开展福建省部分企业和机构研发经费投入分析研究工作，提出的我省 2018 年全社会 R&D 经费投入预测值等内容被省科技厅计划处采纳并上报省政府办公厅。

9.4.2.4 信息技术与信息化技术研究

以数据挖掘、科技管理决策信息化辅助、网络与信息安全、电子政务、软件测试及信息工程监理技术研究等为主要研究方向，开展数据挖掘、数据库建设等技术的研究和应用，大数据环境下的网络安全技术研究和产品开发、服务，工业设计产业创新重点战略联盟建设等。通过聚类、社会网络分析等技术进行数据挖掘分析，提供对科研管理的决策支持；追踪最新的网络与安全技术潮流，开发了多个具有自主产权的各类安全设备、软硬件平台；关注我国电子政务中重要环节政府信息公开，结合省直部门特定构建了较为适合的政府信息公开绩效评估体系；为政府、医疗、教育、金融等行业用户提供网络安全产品与解决方案。

9.4.3 福建省环境科学研究院

根据实际情况，确定未来五年环境科研优势领域：流域和近岸海域污染防控、大气污染防控、环境政策、环境标准、清洁生产与循环经济、环境工程重点实验室建设。

9.4.3.1 流域与近岸海域污染防控领域

着重关注开展水污染综合管理与污染治理、饮用水安全保障、近岸海域环境保护等领域的研究。

（1）流域性水污染控制技术研究

研究重点流域水污染物总量控制与分配技术；研究重点流域和典型湖库水环境综合防治技术和生态安全，特别是富营养化防控和水华藻调控技术研究；重点在闽江、九龙江、敖江和环境敏感区等开展流域水环境管理技术集成与应用研究；开展"十三五"污染物减排及水污染总量控制体系研究。选择福建省具有战略意义和重大污染问题的水源地，以水源水质改善与生态保护为核心，开展饮用水源地污染控制与生态修复研究；建立饮用水源地风险源数据库，研究饮用水源有毒有害物质的污染特征。

（2）近岸海域污染防治研究

研究近岸海域环境容量与总量分配利用技术和近岸海域污染控制与生态保护对策；研究近岸海域环境容量与排污口优化布局。

9.4.3.2 大气污染防治领域

在大气环境质量安全研究方面，着重关注城市化进程中的大气复合污染、大气环境容量和污染物总量控制、重点行业大气污染控制技术的研究。

（1）区域大气污染综合控制与管理技术研究

开展区域性大气环境容量与污染物总量分配技术研究；研究经济快速发展区域城镇空间布局、产业布局、能源结构等对区域大气环境质量的影响与调控技术和对策；针对沿海重化工基地、山区工业基地等区域特点，选择福州、厦门、泉州、三明、龙岩等典型城市群区域，开展区域特征性大气复合污染来源、成因、控制对策研究与示范；开展污染物减排及大气污染总量控制体系研究。

（2）城市大气环境质量改善技术研究

研究重点城市大气灰霾、细颗粒与超细颗粒、挥发性有机化合物（VOC）来源、形成机制、主导因素、转化机理及其控制对策研究；研究城市多污染物复合污染成因解析技术和空气质量分类技术；开展机动车排放与大气质量关系研究。

9.4.3.3 环境标准

以污染减排、空气质量改善、流域水安全保障、土壤环境安全等影响科学发展和损害群众健康的突出环境问题为重点，组织编制并修订有关环境标准与技术规范，积极参加国家行业标准、地方性标准及有关技术规范的研究制订工作。

（1）水污染物排放标准与技术规范

结合环境保护重点需求、行业污染物种类及排放分担率，开展造纸、合成氨、制革、纺织染整等行业的重点水污染物排放标准制修订工作，着重开展氟化工行业污染治理工程技术规范、合成革与人造革行业污染治理工程技术规范制订，强相关行业化学需氧量、氨氮和有毒有害污染物排放控制。

（2）大气污染物排放标准与技术规范

结合环境保护重点工作需求、行业污染物种类及排放分担率，优化整合我省大气污染物排放标准体系，开展锅炉、工业窑炉等设备产生的重点大气污染物排放标准制修订工作结合。加强对相关行业二氧化硫、氮氧化物、颗粒物的排放控制，加强对相关行业重金属、挥发性有机物和持久性有机污染物的控制。

（3）土壤环境风险防控与土壤修复技术规范

以保护人体健康为目标，以健康风险评估为手段，启动污染土壤风险评估、场地土壤环境风险评价筛选值、污染场地土壤修复目标值确定等技术规范研究制订工作，初步建立适应福建省的工业污染场地环境风险管理与污染控制标准体系。

9.4.3.4 环境政策研究

根据中央和省委确定的生态环境保护领域改革重点，研究提出我省生态环境领域改革主要内容、时间表和路线图，研究与历史性转变相适应的环境保护新体制、新机制。

开展生态文明示范建设工作模式与推进机制研究，为深入实施生态省、生态文明先行示范区建设提供借鉴；开展完善环境保护目标责任考核、污染物排放总量控制等创新制度的研究；开展环境资源有偿使用和生态补偿机制研究；开展污染防治投融资政策的研究；开展排污权交易研究；研究绿色贸易、绿色信贷、绿色保险等环境政策；开展饮用水源保障管理政策体系研究。

9.4.3.5 清洁生产与循环经济领域

着重关注各行业、各地区发展循环经济的需要，研究重点行业循环经济关键技术、试点建设区域循环社会模式。会同有关部门制订清洁生产规范性文件，加强对清洁生产的技术指导。以石化、冶金、煤炭、电力、化工等行业为重点，在福建省重点企业之间开展以资源能源的梯级利用和废物的循环利用为重点的产业链接技术研究；研究不同行业的产污水平和清洁生产技术水平，参与制订行业清洁生产标准，着手开展平板玻璃行业清洁生产评价指标体系的研究。

9.4.4 福建省测试技术研究院

9.4.4.1 政策性研究

根据科技创新服务的科技基础条件平台建设需要，开展运行模式、管理方式绩效评估等方面的政策性软科学方面研究。

9.4.4.2 基础研究

开展方法运用基础研究，包括应对检测市场需求分析与预测，进行的各类检测新方法开发研究，尤其是涉及食品安全和环境安全方面的测试方法研究，积极参与行业标准、地方标准和国家标准的编制。按国家实验室合格评定委员会（CNAS）要求进行的扩项工作、能力验证与比对，以及因单位的服务市场开拓需要而进行的储备性方法研究等,为中小企业科技创新提供测试技术支持。

9.4.4.3 应用研究

开展产业化研究,如智能化的检测仪器的研发,药残留快速检测方法的研究与应用等快速检测技术的应用研究等。加强(新)材料、环境(污染控制与治理)、人口与健康(食品质量安全、医学检验)、农业(农产品加工)、公共安全(司法鉴定)等方面的共性技术运用开发研究。

9.4.5 福建省标准化研究院

以社会需求和市场为导向,强化标准的顶层设计、规范和引导性作用,创新标准化工作机制,形成政府、企业、行业协会、高校和科研院所的联动发展,集中优势资源,着力为福建省解决经济与社会发展中的标准化热点和难点,通过先导性、创新性标准研制和应用,推动福建省产业竞争力和社会管理水平的不断提高。重点发展学科大体分为两类:一是标准研究应用,经编办批准内设"福建省台湾标准研究中心",主要从事标准研制、标准体系建设、标准比对研究、标准化试点建设技术咨询和实施效果评价等,每年完成各级科研课题10余项,近年来重点研究领域包括农业农村标准化、政务标准化、服务业标准化、公共管理标准化、两岸行业标准共通等。二是编码技术应用,内设福建省组织机构代码中心、福建省条码印刷品质量检验站并承担中国物品编码中心福建分中心职责,重点开展编码技术规范、电子商务、产品追溯、代码数据分析、条码检测技术研究等,提供数据对接服务和技术应用方案。两大学科具体研究方向如下。

9.4.5.1 标准信息整合与云服务技术研究

以标准馆藏数据资源为基础,整合组织机构代码和商品条码信息资源,采用数据挖掘技术手段和"云模式"管理相结合的方式,组成基于福建省商品条码信息数据库、组织机构代码数据库和福建省标准信息服务数据库的公共服务云,实现真实可信的主客体基础数据、主客体产品特征属性等权威信息的在线检索与引用。开展标准数字化全文检索技术研究,扩大模糊检索范围,增加检索精确度,为标准比对、信息提取、大数据加工提供技术基础,提升标准信息化水平。围绕我省经济发展和转型升级的要求,完善服务机制,开展广泛合作，打造智能化信息服务产品，提升服务的有效性和便捷性；开展特色产业平台和数据库的开发建设，为政府、企业、检验机构提供技术支持，提升标准对福建省经济发展的贡献率。

9.4.5.2 重点领域标准化应用研究

开展我省重点产业或政府及社会关注热点标准化研究，为政府管理提供标准化视角、为产业转型提供标准化路径、为企业发展提供标准化解决方案。重点如下：

（1）标准化应用基础研究

开展标准化体制机制改革的配套措施研究，推进联盟标准、团体标准应用基础研究；围绕企业产品和服务标准自我声明公开制度改革，研究破解实践中问题和困难解决的新机制、新路径。分析标准在驱动产业升级以及促进经济效益与社会效益提升方面的作用，开展标准与技术、标准与专利、标准与质量、标准与品牌、标准与科技成果转化政策与机制以及标准实施验证等研究，推动产业、质量、标准的持续健康发展。

（2）节能减排标准化研究

针对我省重点行业，开展循环经济和节能减排标准化研究，对国内外能效标准进行跟踪比对研究，重点针对EUP指令、美国联邦法规、能源之星等，借鉴经验，融合实际，提出一套资源再利用、节能降耗、环保的标准制订实施相关技术标准的具体方案；利用福建省能源标准化技术委员会平台，参与关键技术标准制修订工作，为重点产业中的高耗能企业提供标准化技术支撑，促进企业降低单位能源消耗，实现资源的有效利用。

（3）海洋标准化研究

贯彻落实《全国海洋标准化"十二五"发展规划》的重要举措，紧扣海洋经济发展要求，充分发挥标准化的规范引领作用，构建层次分明的海洋标准体系。建立海洋标准与科技创新协同机制，在海洋监测技术、海洋环境保护、海洋生物医药产业、海岛开发、海洋旅游、航海保障、海上救助等标准化研究领域开展科研工作，制定关键技术标准；加强闽台合作，充分利用闽台独特"五缘"优势，拓展闽台海洋标准共同研究，实现闽台海洋开发、控制、管理标准化合作。

（4）现代农业标准化研究

加快特色农产品、农产品质量安全等重要技术标准的研制。开展地理标志产品保护标准研究；针对我省主要出口国的农产品国际标准、国外先进标准和法规进行比对研究，建立相应的标准、法规风险数据库；开展低碳农业关键技术标准研究；紧密结合各类农业示范园区建设，开发农业标准示范区管理信息系统，加快农业标准的推广实施；建立健全农产品产业链安全管理与追溯体系，加强农业投入品和农产品质量安全监督，切实保障农产品质量安全。

（5）新农村建设标准化研究

进一步服务生态文明和新农村建设，围绕农村综合改革标准化试点和新型城镇化建设，重点在农村基础设施、农村生态环境治理、农村公共服务和社会管理、农业产业化经营等领域开展相关标准化工作。界定并细化标准化研究对象、范围及层级，开展包括美丽乡村在内的新农村建设重要标准体系及基础标准研究，积极探索农村社会保障、公共服务以及乡镇综合治理等领域的标准化工作。

（6）现代服务业标准化研究

开展设计服务、知识产权服务、检验检测服务、科技成果转化服务、数字服务、生物技术服务等领域标准化研究和技术创新，构建统一协调的高技术服务业标准总体系以及各领域的子体系，制定基础性和关键性标准。开展物流、交通运输业等流通领域服务业标准化研究工作，规划我省物流标准体系，开展专业类物流标准子体系建设、基础通用标准及关键标准研制、高新技术在流通领域应用研究。加快融资租赁、信息技术服务、节能环保服务、商务咨询、服务外包、售后服务、人力资源服务和品牌建设的科研和创新发展；实现研究开发及其服务、创业孵化服务、科技咨询服务、科技金融服务、科学技术普及服务、综合科技服务等科技服务业标准化工作的新突破，打造科技服务业标准化科研新优势。加强商贸服务业、文化产业、旅游业、健康服务业、法律服务业、家庭服务业、体育产业、养老服务业、房地产业的标准化基础研究工作，引导和推动生活性服务业标准化领域的科技进步。

（7）社会管理和公共服务标准化研究

加大行政管理、公共安全、公共教育、公共卫生与基本医疗、劳动就业服务、社会保险、社会保障、公共交通、社会组织管理、环境保护公共服务、公共信息服务、社会信用等领域的前期研究，实现非物质文化遗产保护、文物保护、社区治理与服务、文化创意和设计服务、农民工服务和社会风险防范等的标准化研究的新突破，加强社会管理和基本公共服务标准的制订实施工作，建立健全具有福建特色的社会管理和公共服务标准化体系，促进社会管理和公共服务领域先进技术和管理成果的转化和推广应用。建立健全社会运行安全和生产安全保障标准体系框架，在防恐、应急管理、安全技防、消防、地下空间管理、安全生产、特种设备安全等方面研制、实施一批高水平技术标准。

（8）智慧城市标准化研究

通过物联网、云计算等新一代信息技术以及维基、社交网络、Fab Lab、Living Lab、综合集成法等工具和方法的应用，加大智慧城市可持续发展评价与应用标准研究力度。开展智慧城市基础通用标准研究，力争形成相关标准体系；加强外部合作，推动智慧城市建设关键标准研制工作，推进福建省智慧城市建设有序、高效、快速和健康地发展。

9.4.5.3 两岸标准融合研究

围绕《海峡两岸经济合作框架协议》和《海峡两岸服务贸易协议》，探讨两岸标准化对接机制与路径，建立开放的研究体制。重点开展包括农业、服务业以及电子通信、能源、机械、纺织、海洋等领域的标准与法规的对比研究；深入比较和分析两岸产品市场准入的异同，研究两岸可制定共通标准清单，推动建立两岸标准的有效融合，降低相关产品贸易和产业转移成本，实现优势互补，共同发展；推进两岸社会管理和公共服务标准化研究取得新成效，助力服务型政府建设。

9.4.5.4 国外市场准入技术措施研究

从福建省技术性贸易措施领域存在的急需解决的关键问题入手，针对欧盟、美国、日本等我省主要出口国家和地区开展国外市场准入技术措施研究；重点开展基础理论、关键技术、重要领域国外市场准入技术措施及应对策略研究，为有效应对国外技术性贸易壁垒奠定科技基础。结合"进出口公平贸易行业组织工作点"相关工作，对我省主要出口行业遭遇的贸易摩擦案件、贸易摩擦应对机制以及对外贸易风险防范体系等内容开展研究，探索技术性贸易壁垒快速预警与应对机制。加大应对研究成果的推广应用，为我省主要出口产业提供应对技术援助，帮助企业规避风险，增强应对国外技术性贸易壁垒的能力。

9.4.5.5 物品编码标准与技术应用研究

全面推广应用物品编码与自动识别标准、技术，使物品编码与自动识别标准、技术在我省零售、物流、电子商务、产品追溯、制造业信息化等领域得到广泛应用，满足我省国民经济和信息化发展对物品编码工作的需求，并成为产品质量监管和诚信体系建设的有效技术手段。研究重点如下。

（1）物品编码统一标识应用研究

开展物品编码应用技术研究，发挥物品编码统一标识作用，不断完善产品信息数据库建设，促进信息共享和数据整合，为产品质量追溯、诚信体系建设等提供技术支撑。围绕国家重点食品质量安全追溯物联网应用示范工程和国家特种设备监管物联网应用示范工程，在乳制品、白酒、电梯等重点监管领域开展标准和应用技术研究，提升追溯能力和监管水平，满足政府监管和企业发展需求。

（2）物联网标识体系及关键技术研究

研究适用于物联网应用的统一标识和标准框架，在工业、农业、节能环保、商贸流通、交通能源、公共安全、社会事业、城市管理、安全生产九大领域中各选取1~2个试点企业作为突破口，率先开展相关示范应用，研制出各行业缺失的关键技术标准，提升海西经济区物联网产业标准化水平。

（3）二维码检测技术及应用研究

结合福建省质监局技术改造技术装备项目完成二维条码质量检验实验室的建设改造，依据国际标准《信息技术—自动识别和数据采集技术—条码符号印刷质量的测试规范—二维条码》（ISO/IEC 15415）中规定的检测参数与检测方法实现二维条码检测，并达到全国先进水平。开展二维条码深化应用研究，自主研发实现二维码在信息整合、校验、产品追溯及防伪上的应用，创建合作机制，推广二维码在实验室检测报告上的应用，实现高效的信息自动采集和管理。

9.4.5.6 代码数据挖掘与应用技术研究

根据组织机构代码唯一性、统一性、动态性、共享性、安全性和稳定性的特点，着力推动组织机构代码在社会诚信体系、电子商务和电子政务等建设中的应用研究，深入研究组织机构代码数据挖掘技术，发挥组织机构代码数据基础性作用，助力海西跨越性发展。研究重点如下。

（1）组织机构代码数据挖掘技术研究

利用组织机构代码与大数据有着数据巨大、类型多样、实时快速等相同的特点，充分挖掘组织机构代码数据中所隐含社会及经济信息，对全省组织机构基本构成、行业分布、区域分布、规模分布等方面进行分类分析，全面展示全省组织机构基本情况，发现经济社会发展问题，为政府宏观决策提供数据支撑。

（2）诚信体系建设领域应用研究

研究组织机构代码作为统一社会信用代码在社会诚信体系建设中的作用，重点研究组织机构代码在质量诚信体系建设中实名制身份标识作用。

（3）"数字福建"建设领域应用研究

以省法人基础数据库建设为载体，充分发挥组织机构代码数据在"数字福建"建设中的基础性作用。着力开展组织机构代码作为法人身份唯一标识在"数字福建"建设中信息标准化作用研究。

（4）网络信息化领域应用研究

开展组织机构代码电子副本和数字证书"两证合一"研究，推动组织机构代码数字证书作为机构身份认证凭证在电子商务和电子政务建设中的应用，服务我省网上办事大厅建设，推动我省信息化建设。

9.4.6 福建省安全生产科学研究院

9.4.6.1 安全生产技术支撑保障能力建设

通过科技基础设施的完善，人员素质的不断提高，进一步提升安全生产技术基础研究、科技创新能力，从而提高安全生产科技支撑与安全生产技术服务水平。

重点加快安全生产相关实验室建设与完善。进一步提升现有职业危害检测与鉴定实验室及非煤矿山检测检验实验室检测检验能力，力争在"十三五"末达到国内领先水平。创建电气安全实验室，逐步形成基本满足我省安全生产需求、适应科技创新研发和科技发展需要的福建省职业安全健康省级重点实验室。为最终形成配置合理、功能完善、体系健全、共享高效的安全生产科技基础条件支撑平台奠定基础。

9.4.6.2 加快安全生产重大事故防治关键技术研发

根据国家安全监管总局的部署，加大力度，于 2015 年年底前完成"全尾砂胶结充填技术研究""新溶剂法再生纤维素纤维纺丝关键技术工艺安全性研究及应用""六碳醇生产中氨和乙炔混合气安全回收技术研究"3 个安全生产重大事故防治关键技术的研发。

9.4.6.3 产学研联合开展研发

紧密围绕五年规划期间政府安全生产工作的重点，在为企业开展安全评价、安全生产检测检验、职业卫生技术服务过程中，要积极地为企业的安全生产出谋划策，与企业、高校联合解决企业生产中存在的事故隐患，研发满足企业需求的事故防范技术。

9.4.6.4 工作场所职业病危害因素移动检测平台研发

随着新修订的《中华人民共和国职业病防治法》的颁布和工作场所职业卫生监管职能的转移，职业卫生工作已成为安全监管工作的重要组成部分。将紧紧围绕安监部门的职业卫生监督管理职能，利用自身科研优势，解决职业安全健康领域共性、前沿性、关键性的技术难题。从 2014 年起建立专门的研发团队力争用两年时间，完成"工作场所职业病危害因素移动检测平台"研究，更好地为政府和企业提供职业卫生技术服务。

9.4.6.5 安全生产教育考试平台研发

安全生产培训是安全生产领域一项重要的基础性工作，将紧密围绕"十三五"期间政府安全生产培训工作的要求，通过建立开发安全培训数据库、考试题库、覆盖全省企业的安全培训实时信息数据库等，将安全培训工作纳入政府监管之中，使得安全监管部门对培训工作的监督指导有据可依、有的放矢。

9.4.7 福建省水利水电科学研究院

紧紧围绕"放心水、平安水、高效水、生态水""强水利、美生态、富百姓、保安全、建队伍"的民生水利发展思路和为福建经济社会发展提供防洪安全和水资源保障目标要求，根据我省经济建设发展的要求，以全国水利科技发展"十二五"和"十三五"规划、福建省"十二五"和"十三五"水利科技发展规划为依据，结合该院科研基础条件和特点开展重点研究项目和关键技术的研究。在保持和发展传统学科的基础上，以"突出重点，巩固优势、发展新兴学科、加强交叉学科"的思路来推动学科建设和发展。

9.4.7.1　重点发展的优势研究领域与关键技术研究

（1）水资源管理与水环境保护

坚持节约资源、保护环境的基本国策，以经济社会发展、生态环境优良的水资源安全保障为目标，追踪世界水利科技发展前沿，加强高新技术保障水资源可持续利用的应用研究，解决日益复杂的水资源问题。研究内容包括：开展雨洪资源的利用与保护研究；生态水体修复、河口（海湾）水生态修复、大山地水利的研究；开展典型生态严重受损河流的生态修复技术与试点等研究；开展饮用水水源地保护、预警与应急处置技术、综合治理技术、补偿机制和综合监管体制与机制等研究；流域水资源开发利用对水环境与水生态影响的研究；内河体系生态修复及综合整治研究。

（2）防灾减灾

我国水灾害的防治依然面临艰巨的任务。必须全面加强民生水利的建设，进一步增强对水灾害的调控能力，增强对突发性巨大自然灾害的应急响应能力，并通过治水方略的适时调整来增强经济社会发展对水灾害的适应能力。研究内容包括：城市防洪安全保障技术研究；洪水资源化技术的研究；防汛、防台风应急管理及应急技术的研究。

（3）水利工程建设与管理

随着国民经济快速发展和对水资源和能源的极大需求，社会对水工程建设安全和决策管理等提出了更高的要求，同时随着工程运行期的增长，工程的老化、劣化和不确定性明显增加，水工程的安全和风险控制受到全社会的日益关注。急需开展各种水工程设施的关键技术研究。研究内容包括：水工程材料关键技术研究；水工程除险加固技术和退役机制研究；福建省中型水库出险类型分析及加固方法探讨研究；安全系统工程理论在土石坝安全评价中的应用研究；生态预制砼护坡与生态石笼护脚的应用研究；福建省土石坝地基渗漏地质条件及防渗处理探析研究；工程质量检测方法和技术研究；岩土工程事故分析及处理技术研究；水工结构劣化病害检测、评估和加固技术研究；防渗、防腐和加固修补新材料的应用研究。

（4）农村水利

围绕我省农村水利面临的挑战，从建设创新型国家、实现农村水利现代化、为民生水利提供科技支撑。需开展高标准现代化农田建设为基础的灌区改造关键技术、农村饮水安全技术、农村生态环境保护技术等研究。研究内容包括：研究高标准农田水利工程建设技术；福建省村级饮水安全工程新技术与实施体系研究；研究农村饮用水应急保障技术。

（5）河道整治

由于自然条件复杂，受人类活动特别是建设水利水电工程的影响，近年来我省江河出现了一些新情况、新变化。河流泥沙淤积、槽蓄能力和行洪能力降低，河道萎缩，河势不稳，生态环境恶化，"小水大灾"现象频发等，急需开展解决重大水利工程和江河治理中关键性技术难题为目标的研究。研究内容包括：大中型水利枢纽对河道的长期影响及河道整治关键技术研究；新型河道整治模式；河湖污染底泥处置及资源化利用关键技术研究。

9.4.7.2 高新技术的应用

高新技术作为科学技术基础性支撑性技术是水利科技创新和水利现代化的基础支撑和技术保障。近年来，随着水利现代化进程的加快，高新技术在水利行业的应用取得了长足的进步。但是，福建省水利现代化的整体水平仍然较低，高新技术应用对水利发展的贡献率仍然偏低，与发达省份相比仍有较大差距，改造传统水利，提升现代水利科技含量，仍是我们面临的重点课题。研究内容包括：工程建设与管理领域高新技术应用研究；科学实验与科学研究领域高新技术应用研究。

9.4.7.3 水利科技引进吸收及再开发

坚持需求引导、全面规划、重点突出、急用先行的原则。引进国内外的先进理念、技术和设备等，满足水利事业发展的需要。始终把提高自主创新能力摆在首要位置，强调消化吸收再创新，努力掌握核心技术，防止低水平重复，形成具有自主知识产权，为水利事业和水利科技的发展提供有力支撑。研究内容包括：除险加固技术；渠道防渗、防裂新材料新技术，混凝土裂缝修补除险技术；农村污水处理技术；农村小水电站与泵站改造新技术；水利工程安全与病害检测、风险评估、防治等高新技术；生态挡墙技术；自然能提水技术。

9.4.8 福建省体育科学研究所

9.4.8.1 运动机能与评价

主要研究运动员身体机能状态测试、评定方法、了解运动员的身体机能状态，帮助教练员科学地安排运动量，改进训练方法，运动员运动潜力的预测、机能评定和医务监督。同时，根据体育运动参加者的个人特点、人体结构与运动功能的关系和运动技术发展的规律、对运动技术进行诊断、分析和评价，在提高运动技战术水平、专项身体素质和身体机能、预防和治疗损伤与促进功能康复，改进运动装备等进行实践与研究。

9.4.8.2 运动营养与康复

科学合理营养膳食是保证运动员系统训练的重要条件。对运动员的营养与膳食的研究，合理搭配运动饮食，对提升运动员训练科学化的水平，提高运动技能和比赛成绩具有重要意义。密切关注运动营养科学的新发现、新进展，制订不同类型运动员营养指标体系，探索营养膳食与运动员在训练或比赛之后身体的恢复、运动员营养不良现象与调节、运动员营养素与食谱，并指导实践和应用于实践。

9.4.8.3 运动心理疲劳监测与恢复

以运动员心理疲劳机制产生的路径为基础，采用多样化的手段对我省运动员心理疲劳的预防与监测，同时，应用生物反馈、肌电监测训练、放松训练等干预措施对运动员心理疲劳进行恢复。

9.4.8.4 国民体质的研究（幼儿、青少年、成年、老年人）

积极开展各项全民健身工作，走进社会，将科学健身的理念落到实处，发挥健身指导作用。进一步建立充实国民体质监测队伍，完善检测体系，保证国民体质检测工作的开展，推动落实不同人群的健康标准和体育锻炼标准。开发建立全民健身服务平台和相应的信息系统和运动风险评估体系。完善福建省国民体质监测系统、群众体育信息数据库、通过对群众体育现状调查与研究等多项涉及全民健身研究课题的完成，为领导决策提供科学依据。要改变理论与实践脱节的现象，加强对国民从事体育健身活动的具体问题的解决，如适宜的健身方法，简单易行的评估与服务体系等直接帮助国民从事体育健身活动的科学手段和方法。

9.4.8.5 体育健身锻炼手段与方法

大力宣传、普及科学、文明、有效的体育健身项目与方法，增强科学健身意识和身体素质。目前大众日益增长的多样化体育需求与保障措施和体育健身资源之间的矛盾，尤其是目前实效性较强的"个性化"科学健身体系还未形成，突出表现在国民健身意识增强的同时，健身指导方案的科学性和针对性还不能满足大众健身的需求，所以，如何在现有条件下，应用体育学、医学、生物学原理，尽快建立具有科学性、系统性和实效性的科学健身指导系统应成为今后工作的努力方向。

9.4.8.6 大型综合性运动会信息研究与服务

积极开展奥运会、全运会等大型综合性运动会的赛前信息服务和成绩预测研究，主要包括新周期竞技体育实力格局研究与成绩预测以及对国内外优秀运动队和运动员的训练方法和赛前准备进行追踪和综合分析，为福建省决策部门、教练员、科研人员备战奥运会、全运会提供系列资料、数据和预测成果等信息支持和科学依据。

附录 2017年科技制度主要政策列表

1. 国务院办公厅印发关于深化科技奖励制度改革方案的通知（国办函〔2017〕55号）

2. 福建省人民代表大会常务委员会关于颁布施行《福建省促进科技成果转化条例》的公告（闽常〔2017〕44号）

3. 福建省财政厅 福建省科技厅关于印发福建省级科技计划项目经费管理办法的通知（闽财教〔2017〕41号）

4. 中共福建省委办公厅 福建省人民政府办公厅印发《关于实行以增加知识价值为导向分配政策的实施意见》的通知（闽委办发〔2017〕39号）

5. 福建省财政厅 福建省教育厅 福建省科学技术厅关于进一步简化省属高等院校和科研机构科研仪器设备采购管理的通知（闽财购〔2017〕36号）